虔心念佛．移民淨土

阿彌陀佛小百科

目錄

阿彌陀佛檔案——認識阿彌陀佛的 59 種途徑

● 信仰檔案

重慶安嶽縣大足石刻寶頂山《觀無量壽佛經變相》造像中的「西方三聖」。阿彌陀佛結彌陀定印，眉尾出毫光，左右飄射龕頂，觀世音菩薩一手持缽、一手持楊柳，大勢至菩薩則手持蓮花。

生在人間
見彌陀

佛教在傳入中國之後，融入中國本土文化，得到迅速發展，並被廣大民眾所接受。「家家觀世音，戶戶阿彌陀」，就是對佛教在中國民間影響力的最好描述。明清以來，由於漢傳佛教淨土宗的發展，阿彌陀佛信仰成為華人宗教生活中最為重要的組成部分。阿彌陀佛是梵文音譯，意譯為無量光佛、無量壽佛。據《阿彌陀經》等數十種大乘經記載，為西方極樂世界現在的主尊。此佛於過去久遠劫前捨王位而出家，名法藏比丘，發四十八大願成就極樂淨土，接引願意往生其土的眾生，因此又名接引佛。佛教信眾認為做到「發菩提心」等五事，一心不亂地持誦阿彌陀佛聖號，便可於臨終時往生淨土。

西方三聖中的阿彌陀佛

西方極樂世界的阿彌陀佛及其左右脅侍觀世音菩薩、大勢至菩薩，共稱為「西方三聖」。中國首都博物館藏的此清代銅鍍金西方三聖造像，十分精麗。三尊聖像妙相莊嚴，神情慈悲，立於仰蓮座上，各結不同手印，表示各自不同的身分和功用。臺座據《阿彌陀經》所說「七寶池，八功德水」，做成池塘形式，周飾雕欄，池水蕩漾，從中生出三莖蓮花。

西方三聖是佛教西方極樂世界的三位尊神，由主尊阿彌陀佛與其兩位脅侍觀世音菩薩和大勢至菩薩組成。西方三聖接引眾生往生西方極樂世界，是淨土思想的表現。西方三聖最常見的是立像，一佛二菩薩都站立在蓮花臺上，阿彌陀佛位於造像的中央位置，結接引印。觀世音菩薩侍立於左側，大勢至菩薩位於右側。根據《觀無量壽經》，大勢至菩薩與觀世音菩薩法相裝飾皆相同，唯獨大勢至頭上寶冠以寶瓶為標誌，觀世音菩薩頭上寶冠以一化佛為標誌。《首楞嚴經》中的「大勢至菩薩念佛圓通章」是淨土法門的重要經典。

唐朝以前的西方三聖造像大多為坐相。阿彌陀佛呈中年男相，高肉髻，螺髮，雙手相疊作彌陀定印。左側為觀世音菩薩，右側是大勢至菩薩。

一般認為，西方三聖的站像多為表現西方三聖顯現於臨終之人面前慈悲接引時的姿態，坐像則多表現西方三聖在極樂世界禪定或說法的情況。

左

山西省新絳縣福勝寺彌陀殿的阿彌陀佛右脅侍大勢至菩薩像。此像與觀音像造於同一時期，與一般菩薩造像不同的是，此大勢至菩薩上身袒露，胸肌發達，可能是暗喻其有「大勢力」吧。

右

山西省新絳縣福勝寺彌陀殿的阿彌陀佛左脅侍觀世音菩薩像。此像造於明代（西元十五世紀），雖有殘損，仍不失其藝術之精妙，像有唐宋遺風，形象豐滿端莊，衣紋生動流暢，讓人心生信心。

 佛法小常識

觀音頭上化佛

一般有化佛的觀音造像呈自在觀音相，立像與坐像都有發現。阿彌陀佛出現於觀音髮髻之中，表示「頂禮」的涵義。在觀音頭上的阿彌陀佛像呈禪定狀，佛裝，面貌寂靜。

唐代造十一面觀音立像

方形基座上承仰覆蓮座，菩薩端立其上，頂化阿彌陀佛。頭部、上身和下身呈三段屈曲。頭頂上十個小像，分三層疊置，精巧適當。上身裸，戴項圈、穿長裙，赤足；天衣輕盈飄蕩；右手執柳枝，屈肘上舉平肩，左手持寶瓶下垂，體態輕柔纖長，動作協調優美。此像整體造型挺拔俊巧，透雕的頭光、天衣和基座更有空靈之美。上海博物館藏

 佛法小常識

阿彌陀佛手印

與願印：

伸手掌向外，指端下垂的手相。這是佛為應眾生的祈求所作的印相，表示以普救眾生的慈悲心施與的意思。

彌陀定印：

這是阿彌陀佛如來的標誌，即二手相叉，右手置於左手上，兩手屈食指，拇指按在食指上的印相。

接引印：

又稱來迎印，右手施與願印比之於眾生，左手在胸前作安慰印比之於佛。

九品手印

淨土宗有九品往生的說法，根據《觀無量壽經》，往生到西方極樂世界的眾生，共分為九個等級，叫作九品，因此，三品九生是往生西方極樂世界的品位，分為上品往生、中品往生和下品往生，每一品又分上、中、下三品，共是九品，均是根據眾生不同的發心和修行而獲得的結果。

上品生者於大乘佛教的信、解、行、證皆達到一定水準，證得相應的菩薩位次；中品生者受持戒律、行世仁慈，證得相應的小乘果位；下品生者往往造諸惡業，臨終時得佛菩薩點化而發心，經歷很長一段時間才能「花開見佛」，是為大乘初學者。

唐末以後，隨著淨土宗的發展，淨土學者們依據九品往生提出了「九品手印」的說法。其中，彌陀定印又稱妙觀察印，為上品往生的標記。中品印相為兩手當胸，兩掌向外並列的說法印。下品就是常見的接引印。其中，每一品分為上生、中生、下生三種，具體區別為：上生印相為拇指、食指的指尖屈合；中生印相為拇指、中指的指尖屈合；下生為拇指與無名指的指尖屈合，如此便組合成為了上品上生、上品中生、上品下生，中品上生、中品中生、中品下生，下品上生、下品中生、下品下生等「九品手印」。

事實上，阿彌陀佛曾結的很多手印，在釋迦牟尼造像中也能看到，如禪定印和說法印。

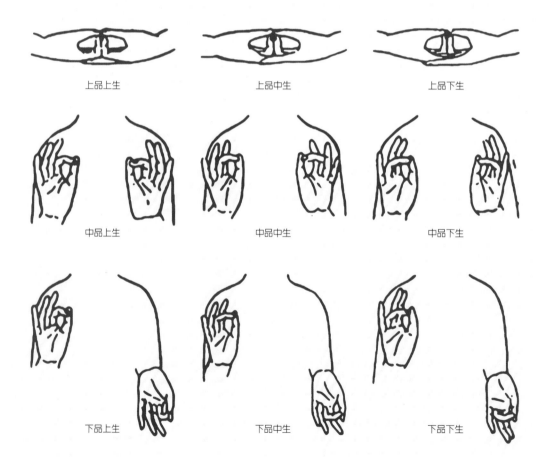

上品上生	上品中生	上品下生
中品上生	中品中生	中品下生
下品上生	下品中生	下品下生

中國首都博物館藏明代景泰元年（西元 1450 年）阿彌陀佛金銅造像。阿彌陀佛右手結觸地降魔印，左手結定印，跏趺坐於蓮座，頭頂正中有肉隆起如寶珠形，髮鬈為藍色螺形，這不是時髦的染髮髮型，而是佛的三十二相之一；造像身體比例舒適，天衣的織物感較強，紋褶轉折起伏流走自然灑脫。蓮座為較典型的當時宮廷造像法：束腰部內收，夾角成銳角，上下飾有兩道連珠紋，仰覆蓮瓣寬肥飽滿，內緣紋飾尖端上卷而成卷草狀，表層主瓣間露出下層蓮瓣微微上翹的尖角。

三世佛中的阿彌陀佛

河南省嵩山少林寺大雄寶殿內阿彌陀佛、釋迦牟尼佛、藥師佛造像。此組造像稱為「橫三世佛」，又稱「三方佛」，分別代表西方極樂世界、地球人居住的此土娑婆世界和東方淨琉璃世界。阿彌陀佛的極樂世界和藥師佛的淨琉璃世界，都是淨土，各擅勝場。釋迦牟尼佛在世傳法時，告訴此土眾生往生兩處淨土的法門，但人們更多是願意往生最美好的西方極樂淨土。

在佛教造像中，阿彌陀佛除與觀音、大勢至同時出現外，還經常與藥師佛、釋迦牟尼佛一同作為三世佛出現，被稱為「橫三世佛」。藥師佛是東方淨琉璃世界的教主。根據《藥師琉璃光如來本願功德經》，藥師佛立有十二大願，被尊稱為藥師、大醫王。

三世佛造像中，東方藥師佛、西方阿彌陀佛和中央釋迦牟尼佛造型相似，其中阿彌陀佛位於釋迦牟尼佛的右邊，結跏趺坐於蓮臺上，雙手仰掌疊置足上，掌中托有一蓮臺，表示接引眾生往生西方、蓮花化生之意。這種造像形式經常出現於各禪淨寺廟的大雄寶殿中。

3
無量壽佛與無量光佛

　　淨土宗有三部根本經典，內容有關阿彌陀佛及其西方極樂淨土，即《無量壽經》、《觀無量壽經》、《阿彌陀經》，分別被稱爲《大經》、《觀經》和《小經》。無量壽佛、無量光佛都是阿彌陀佛的別稱。

　　在藏傳佛教的某些區域，人們常將「佛裝」的阿彌陀佛像稱爲阿彌陀佛，而將其「菩薩裝」像稱爲無量壽佛。菩薩裝像的阿彌陀佛，頭戴寶冠，蓮花頂嚴，面相莊重嚴靜，身上有項鍊、瓔珞等裝飾，結禪定印，掌中托一蓮臺，表示接引眾生、蓮花化生之意。有時也托寶瓶，瓶中伸出蓮花。一般呈結跏趺坐姿勢，坐於蓮臺之上。也有用臺座，中間雕蓮花，兩側雕孔雀，乃取傳說中阿彌陀佛以孔雀爲坐騎的涵義。

　　在藏傳佛教中，無量壽佛（阿彌陀佛）與白度母、尊勝佛母同爲「長壽三尊」。長壽三尊的形象經常出現在唐卡等各類藝術品中。無量壽佛一般的形象爲一頭二臂，身紅色，盤髮成髻，戴五佛寶冠，穿天衣，手結定印於膝上，並置長壽寶瓶，兩足以金剛雙跏趺安住於蓮花月輪上，居於中央。頂髻尊勝佛母居於右下，身體爲白色，三頭八臂。中間的臉白色，右黃而左藍，面相微怒。每一個臉上都有三隻眼睛，右第一手持四色羯磨杵於胸前，二手托蓮座，上爲阿彌陀佛，三手持箭，四手施願印置右腿前，左第一手結忿怒拳印持絹索，二手上揚作施無畏印，三手執弓，四手結定印托甘露寶瓶。左下爲白度母，相傳是阿彌陀佛左眼所化，也是影響最大、最常見的度母，其形象與綠度母基本上一致，最特殊的是面有三眼，手心和腳掌中各有一眼，共有七眼，故又稱「七眼佛母」，額上一眼觀十方無量佛土，其餘六眼觀六道眾生。身色潔白，著天衣，袒胸露腹，頸掛珠寶瓔珞，頭戴花蔓冠，烏髮挽髻，面目端莊慈和，右手膝前結施願印，左手當胸以三寶印捻烏巴拉花。全身花鬘莊嚴，雙足金剛跏趺坐安住於蓮花月輪上。

　　由於阿彌陀佛蘊含無量光、無量壽之二義，因此單獨被稱爲無量光佛的造像，在唐卡中也極爲少見。

左
「佛裝」的阿彌陀佛。阿彌陀佛相好莊嚴，眷屬圍繞，景物瑰麗，呈現出極樂淨土的繽紛樣貌。

右
「菩薩裝」的無量壽佛。北京雍和宮的唐卡繪畫《延壽（長壽）三尊》。在藏傳佛教中，阿彌陀佛的報身相、白度母及尊勝佛母三位，合稱為長壽三尊。佛教中有阿彌陀佛延壽法門可延長壽命。

淨土變中的阿彌陀佛

右

《阿彌陀聖眾來迎圖》（局部）絹本彩色，日本高野山靈寶館藏。繪畫的阿彌陀來迎圖，與建築的阿彌陀堂和雕刻的阿彌陀佛，是日本佛教淨土宗美術的三大主題，可見阿彌陀佛淨土信仰在日本的影響是很大的。

　　經變畫又稱爲變相，一般是指根據佛教經典中記載的故事所作的繪畫或雕刻，目的是用來宣傳佛教教義。阿彌陀佛淨土變就是表現阿彌陀佛極樂淨土的圖像，又有西方淨土變、西方變相、淨土曼陀羅、極樂變曼荼羅等名稱。中國畫此像始於唐代淨土宗高僧善導法師。根據善導的觀念法門所載，如果有人依據《觀無量壽經》等淨土，畫造淨土莊嚴的變相，日夜觀想西方極樂世界，現生念佛，即能除滅八十億劫生死之罪。

　　中國歷代對於淨土變都較爲重視，唐代李白曾作《金銀泥畫淨土變相讚》。唐代安國寺境內大佛殿的西壁，有吳道子所畫之西方變；雲華寺小佛殿內，有趙武瑞所畫之淨土變。中國的藝術寶庫敦煌莫高窟的壁畫中也存在著淨土變的描繪，並且一度非常盛行，在唐五代時期的八十多個洞窟都繪有這一題材的壁畫。到了宋代，盛行蓮社念佛，圖繪淨土變也成爲信徒當中風行一時的流行活動。

　　唐朝初期，接引圖作爲彌陀經變中的一種，開始在這一時期的各大佛教石窟留下蹤跡。明清以後，接引圖逐漸成爲一種單獨的藝術創制，流行於民間。日本也將此稱爲「來迎圖」，一般表現專修淨土者臨終之際，西方極樂世界教主阿彌陀佛前來接引死者、往生淨土的情景。畫面形象大多是描繪出一棟樓閣建築，有一人在榻上而坐，當是死者。建築之外，阿彌陀佛乘祥雲而來，接引死者。接下來的畫面就是，死者胸口化出一縷多彩雲氣，上現亡者乘坐寶臺，與彌陀聖眾升空而去，往生西方。

　　接引圖的表現形式包括西方三聖接引圖，一佛二十五菩薩接引圖等等。此外，還有從《觀無量壽佛經變圖》中衍生出來的「九品往生圖」、表現極樂世界環境和狀態的「極樂世界莊嚴圖」等行於世。

阿彌陀佛檔案——
認識阿彌陀佛的 59 種途徑

阿彌陀佛的事蹟是誰爲世人講述的？

木頭是一種重要的造像材料，木雕是一種重要的造像工藝。歷代信眾曾敬造出眾多木雕佛像。此圖是收藏於澳門博物館的一尊非常精美的阿彌陀佛木雕像。此像爲接引佛造型，阿彌陀佛呈站姿，右手下垂，掌心向前，此爲「接引印」。

世人都知道有阿彌陀佛，稱阿彌陀佛名號也是許多人都知道的淨土宗修行方法。但是阿彌陀佛的事蹟，以及他所在的西方極樂淨土等等情狀，最早是爲了什麼原因而來向世人講說的呢？根據淨土三經的《觀無量壽經》記載，佛陀是應頻婆娑羅王的韋提希夫人之請而爲說法，講說西方極樂世界。

韋提希夫人又有翻譯爲毗提希夫人、吠提哂夫人。韋提希的意思是思維，因此，韋提希夫人的意譯就是思勝夫人或勝妙身夫人，她是中印度摩揭陀國頻婆娑羅王的王后，也是阿闍世王的生母。

頻婆娑羅王是一位信仰佛教的國王，可說是古印度的一位護法王。他的兒子阿闍世王還沒出生的時候，就曾被預言長大後將是一位弑父篡位的逆子。頻婆娑羅王和韋提希夫人雖然心中惶恐，還是生下了這個兒子。阿闍世王的名字意譯就是未生怨王、法逆王，由於他和父母之間的惡緣，故而名爲「未生怨」。

關於阿闍世王的故事，很多佛經裡都有記載。在《觀無量壽佛經》中，主要是講述佛爲其母講說淨土「十六觀」的緣起與主要內容。阿闍世在當時因爲受到惡人的挑唆而想篡位，爲了早日登上皇

位，他把自己的父親頻婆娑羅王囚禁在七重密室裡，不給他飲食，不讓大臣來看他，想把他餓死。阿闍世的母親韋提希夫人把酥油和麵糊塗在身上，並在隨身裝飾的瓔珞裡盛滿果漿，偷偷去探望頻婆娑羅王，並把食物給他吃。

頻婆娑羅王吃了食物後，漱口遙拜，頂禮佛陀，呼喚目犍連。佛陀的十大弟子中被稱為「神通第一」的目犍連以神通來到密室，為頻婆娑羅王授以八戒。佛陀還派了自己的另外一位弟子富樓那來為頻婆娑羅王說法。經過了三七二十一日，頻婆娑羅王因為吃了夫人送來的食物和聽聞佛法，不僅沒有餓死，反而氣色更加紅潤。

阿闍世因此對韋提希夫人產生怨怒，想提劍殺死自己的母親。雖然在大臣的勸阻之下，他沒有弒母，但是也把韋提希夫人關押起來。夫人在關押的密室中虔誠念佛，求佛為之說法。佛陀聞聲從耆闍崛山來到王宮，與目犍連和阿難示現於虛空之中，為之演說《觀無量壽佛經》。因此，淨土「十六觀想」法門，乃是佛陀為韋提希夫人而說。

佛陀向韋提希夫人演示了十方世界淨妙國土，有的是七寶合成，有的純為蓮花，有的如自在天宮，有的光明如鏡。韋提希夫人參閱了十方三千淨土之後，稟告佛說：「十方諸佛土雖然清淨莊嚴，但我願往生於阿彌陀佛的西方極樂淨土。」

於是，佛陀為韋提希夫人說世俗善、戒善、行善三福，分「日觀」、「寶樹觀」、「八功德水觀」、「佛色身相好」等十六觀，作為求往生極樂世界之法門。

韋提希夫人聽過如來佛祖的教誡，迷疑開解，於是受持三皈，身入佛門，靜心念佛，修行十善，後來命終，升入西方淨土世界。

這就是《觀無量壽經》中所記載的佛說阿彌陀佛淨土的緣起。

蒙古呼和浩特的藏傳佛教寺
廟五塔寺供奉的阿彌陀佛
像，此像有明顯的藏傳佛教
造像特徵。按佛經說法，金
剛界有五部（五方），每部
各有主佛，其中西面即是阿
彌陀佛。

阿彌陀佛的前世是一位國王嗎？

　　淨土三經之一的《無量壽經》（又稱《大阿彌陀經》）中講述了阿彌陀佛的前生故事。本經是佛陀為普賢、彌勒等大菩薩及大比丘眾所說，講述阿彌陀佛過去世身為法藏比丘時，發四十八大願，願成就極樂淨土，接引念佛眾生往生，描述淨土莊嚴以及往生條件、品級等等。

　　經中記載，阿彌陀佛在證得佛的果位之前，是一個國家的君主，叫做世饒王，他曾聽聞世間自在王如來說法，心中喜悅，決定要尋求智慧與解脫。他捨棄了國王的位置出家為僧，法號叫做法藏。法藏比丘修行菩薩道，博學多聞，才華高原，都可稱得上第一。他的修行道心無比堅固，精進專修，很少有人能夠超越他。他到了世間自在王如來面前，向佛合掌，念誦偈子，讚佛功德，請佛說法。

　　世自在王佛見法藏捨棄王位，一心向佛，且根基非凡、弘毅堅強，便為他廣說了二百一十億佛剎土天人之善惡，以及國土之概況。世自在王佛還運用神通，讓這些世界的真實景貌都立即顯現在法藏的眼前。

　　法藏目睹種種世界之後，潛心思維，用整整五劫的時間精進修行，再到世自在王佛面前，告訴佛自己已經成就莊嚴佛土，清淨之行。他還發下殊勝的四十八大願，要以自己的願力創造出這樣一個清淨佛土。這個時候，大地震動，天雨妙華，諸天諸佛都共同見證了他的宏願。法藏又經歷了累世修行，終於累功積德，修行圓滿，入於佛位，號為「阿彌陀」。從法藏成佛一直到今天，已有十劫。

　　這就是《無量壽經》中所記載的阿彌陀佛成佛以前的故事。

 佛法小常識

世自在王如來

世自在王如來，是梵文「世」與「自在」兩詞的合成，音譯為「樓夷亙羅佛」，又稱「世饒王佛」、「饒王佛」。饒，即自在之義；又作「世間自在王」，指濟度眾生而得自在之佛。根據《佛說無量壽經》，此佛是次於過去錠光佛乃至處世佛等五十三佛之後而出世之佛，為法藏比丘（阿彌陀佛之前身）在因位修行時的本師，曾為法藏比丘宣說二百一十億諸佛剎土之相，法藏因此而發起四十八願。

劫

劫也叫做「劫波」，是佛教中表示時間長度的量詞。簡單說來，劫是指宇宙在時間上從成、住、壞至於空的過程。這是佛教在時間度量衡上的最大單位，最小的單位則是「念」。

中國首都博物館珍藏的唐朝造銅鍍金阿彌陀佛像。這尊佛像造型坐姿不同於常見佛像，上手施無畏印，下手施降魔印，面容細緻慈祥，衣飾寫意生動。

阿彌陀佛是被誰授記將來必定成佛？

　　雖然阿彌陀佛是在世饒王這一世出家爲法藏比丘，修行成佛，但輪迴無盡，阿彌陀佛實際上已經在久遠劫以來的世間歷經了多次的輪迴。根據佛經記載，第一個授記阿彌陀佛將來必定成佛的，是一位叫做「寶藏如來」的古佛。寶藏如來是寶海梵志的孩子，出家稱道之後，號曰寶藏如來，釋迦牟尼佛和阿彌陀佛都曾依寶藏佛發心成道。此事蹟記載於《悲華經》，《悲華經》全經主要在敘述和讚歎釋迦牟尼在穢土成佛的廣大誓願，以及阿彌陀佛等諸佛、菩薩的本生故事和淨土成佛的大悲願行。

　　《悲華經》記載，阿彌陀佛是一位護持佛法、皈依正信的轉輪聖王，名爲「無諍念王」，朝中君臣都虔誠供養寶藏如來。因爲無諍念王累世護持佛法，所以福報廣大，有一千個兒子，所謂「千子俱足」。這一千個兒子之中，各種佛經裡提到過的佛、菩薩、聲聞都應化在內。各位王子都在寶藏如來前表述自己的志願，於是寶藏如來便依照眾人同兼清淨慈悲卻各具方便法門的志向，一一授記。長子不眴，即爲觀音前身；次子摩尼，乃是大勢至菩薩轉世；其餘的各子中，還包括文殊菩薩、普賢菩薩、蓮華尊如來、虛空光明菩薩等等。朝中有一位大臣，叫做寶海，寶海發大悲願（五百大願），東西南北及於上下六方諸佛，獻花讚歎，稱歎寶海爲大悲菩薩，寶藏如來爲寶海摩頂授記，當來成佛，即釋迦牟尼佛。無諍念王被授記爲無量壽佛，即阿彌陀佛，並且按照他的願望，將以願力創造出一片殊勝美妙的莊嚴國土，以度有情眾生，方便修行。

 佛法小常識

授記

又作授決、受決、受記、受別等。原本的意思是指分析、說理、或以問答的方式闡述佛理，此後，意思延伸為「對於某人未來世所證得果位及名號的預言」。現在我們說的授記，主要指證言某人未來必定成佛的意思。最著名的就是釋迦牟尼佛曾於過去世得到燃燈佛的授記：「汝於來世，當得作佛，號釋迦牟尼」，以及彌勒菩薩曾經受到釋尊的授記做未來佛等等。

阿彌陀佛的四十八願是什麼？

　　阿彌陀佛作爲西方淨土的教主，其願望廣大，共發下四十八願，又叫六八弘願、六八越世本願，即願自己成佛時所建立的極樂世界能實現如下四十八種美妙殊勝之果。「得是願，乃作佛。不得是願，不取無上正覺」，意思是這四十八願能夠實現，才證佛果，不然，就不成佛。

　　四十八願是：一、國無惡道願。二、不墮惡趣願。三、身悉金色願。四、三十二相願。五、身無差別願。六、宿命通願。七、天眼通願。八、天耳通願。九、他心通願。十、神足通願。十一、遍供諸佛願。十二、定成正覺願。十三、光明無量願。十四、觸光安樂願。十五、壽命無量願。十六、聲聞無數願。十七、諸佛稱歎願。十八、十念必生願。十九、聞名發心願。二十、臨終接引願。二十一、悔過得生願。二十二、國無女人願。二十三、厭女轉男願。二十四、蓮華化生願。二十五、天人禮敬願。二十六、聞名得福願。二十七、修殊勝行願。二十八、國無不善願。二十九、住正定聚願。三十、樂如漏盡願。三十一、不貪計身願。三十二、那羅延身願。三十三、光明慧辯願。三十四、善談法要願。三十五、一生補處願。三十六、教化隨意願。三十七、衣食自至願。三十八、應念受供願。三十九、莊嚴無盡願。四十、無量色樹願。四十一、樹現佛刹願。四十二、徹照十方願。四十三、寶香普熏願。四十四、普等三昧願。四十五、定中供佛願。四十六、獲陀羅尼願。四十七、聞名得忍願。四十八、現證不退願。

　　這四十八願的內容可以歸納爲幾類：

　　第一類講述了投生在極樂淨土之人的情況，以及聞聽阿彌陀佛佛號所具有的功德利益和福報，包括：不墮入惡道、得各類神通自在如天眼通、天耳通，還有修行的殊勝、次補佛處、得金剛不壞身、衣食自至等，大致包括前面第一願至第十一願的內容，以及第二十一願到三十八願的內容。

　　第二類是側面描寫十方諸佛對於極樂淨土的歡喜讚歎。阿彌陀佛的無量光和無量壽，得到十方諸佛的同聲讚歎，大致包括第十二願到第十七願。

　　第三類講述如何能夠往生阿彌陀佛淨土，包括第十八、十九、二十這三個願望，一般稱爲攝生三願，或者接引三願，這三願以第十八願爲本，並統歸於第十八願，以念阿彌陀佛佛號而得到接引。

　　第四類是講述阿彌陀佛淨土的莊嚴，環境的美好，「形色殊特，窮微

左
廣東省韶關南華寺大雄寶殿的三寶佛像之一——阿彌陀佛像，宏偉莊嚴。南華寺是中國佛教禪宗的祖庭，六祖慧能曾在此弘法。

右
陝西省扶風縣法門寺近年所造的這尊阿彌陀佛像，金身寶相莊嚴慈悲，佛跏趺坐於蓮座，右手結說法印，左手持蓮花，似在向眾生闡揚終極解脫的無上妙法，苦口婆心引導沉溺於塵世的眾生往生極樂世界。

極妙」，都是用珍寶做成，並且香氣可達十方世界，大致包括第三十九願到第四十三願。

第五類是阿彌陀佛幫助十方世界的菩薩眾，使他們聞聽阿彌陀佛的佛號，就能得到功德利益，並且得不退轉，大致包括第四十四願到第四十八願。

以上就是阿彌陀佛的四十八大願，出自《無量壽經》第六品〈發大誓願品〉。此誓願中包含著法藏比丘的強大願力與決心，如果其中一願不能如實實現，則法藏大士願終不成佛、不入佛的果位。不過，既然阿彌陀佛已經入得佛果位，顯然，在西方極樂淨土上這四十八願已經全部得以實現。

四十八願那麼多，
　　最重要的一願是什麼？

　　阿彌陀佛的四十八願，願願都很重要，都是阿彌陀佛之大願力與大悲心。如果一定要挑出一個作為最重要的話，那麼對於修行淨土的人來說，第十八願，即「我作佛時，十方眾生，聞我名號，至心信樂。所有善根，心心迴向，願生我國。乃至十念，若不生者，不取正覺」，可以稱得上是阿彌陀佛四十八大願中的核心一願，又被視為願王或者本願。

　　這一願可以稱為「十念必生」願，意思是說：我阿彌陀佛作佛的時候，十方眾生只要聽到我的名號，真心實意相信我，想要投生到我的極樂淨土，那麼，只要他念我的名字，哪怕只有十遍，他也一定會往生而來。如果有一人信我念我卻不能往生來我的淨土，我便不取佛的果位。

　　「十念往生」乃是阿彌陀佛救度眾生的第一法門，整個淨土宗修行的原理原則就是從這一願脫胎而出的。在這一願中，阿彌陀佛明確地告訴大家往生淨土最簡便的方法和行動，那便是念「阿彌陀佛」的佛號。因此，這一願對於淨土宗人來說無疑是最核心的思想，淨宗修學的原理原則就是從這一願脫胎而出的。所謂「一向專念」，就是從這一願來說的。

 佛法小常識

正覺

音譯為三菩提。又作正解、等覺、等正覺、正等正覺、正等覺、正盡覺，全稱為「無上正等正覺」或「三藐三菩提」等。佛陀因悟成佛，所以「成佛」又稱成正覺。此外，阿彌陀佛最初成佛的瞬間依靠此正覺一念。所以，開遍極樂淨土的蓮花作為阿彌陀佛成就正覺的見證，也稱為「正覺花」。

日本高野山靈寶館藏絹本
彩色繪畫《阿彌陀聖眾來
迎圖》,阿彌陀佛位於畫中
央,流動的渦卷形祥雲載著
三十一尊菩薩,各有不同姿
態,構圖宏大絢麗,場面祥
和輕鬆。此畫是負有盛名的
日本美術巨構,是「來迎
圖」中的傑作,約作於日本
平安時代後期(西元十二世
紀),運筆接近中國宋朝繪
畫,繪畫平明穩雅,線條抑
揚有勁,已充分具有日本繪
風。

阿彌陀佛有哪些名號？

　　阿彌陀佛成佛之後，他的四十八願都得到實現。阿彌陀佛成佛之後，還有其他名號來稱揚阿彌陀佛。

　　《無量壽經》第十二品〈光明遍照品〉中說到了阿彌陀佛的各種名號：「阿彌陀佛，光明善好，勝於日月之明，千億萬倍。光中極尊，佛中之王。是故無量壽佛，亦號無量光佛；亦號無邊光佛、無礙光佛、無等光佛；亦號智慧光、常照光、清淨光、歡喜光、解脫光、安隱光、超日月光、不思議光。」

　　以上種種，都是阿彌陀佛的稱號。其中最為大眾所熟悉的，除了「阿彌陀佛」這個稱呼之外，就是「無量壽佛」和「無量光佛」了。

　　「無量壽佛」此稱呼出自四十八願中的第十五願無量壽願。經中說：「我作佛時，壽命無量，國中聲聞天人無數，壽命亦皆無量。假令三千大千世界眾生，悉成緣覺，於百千劫，悉共計校，若能知其量數者，不取正覺。」阿彌陀佛擁有天人難數的壽命，可說是無量壽。同時，往生淨土的大眾在阿彌陀佛的佛力加被下，也同樣擁有和阿彌陀佛一樣的無量壽限。然而，必須注意的是，阿彌陀佛也不能逃脫佛教所說的「成住壞空」，這裡的無量壽指的是超出了天神、凡人所能度量的範圍，並不是永恆的生命。《無量壽經》裡說到，阿彌陀佛將來也有入涅槃的一天。阿彌陀佛的候補佛是觀世音菩薩，阿彌陀佛入涅槃後，觀世音菩薩則相繼成佛。此外，觀世音菩薩將來成佛後的候補佛是大勢至菩薩。

　　「無量光佛」此稱呼出自四十八願中的第十三、十四兩願，所謂光明無量願與觸光安樂願兩種。「我作佛時，光明無量，普照十方，絕勝諸佛。勝於日月之明，千萬億倍。若有眾生，見我光明，照觸其身，莫不安樂，慈心作善，來生我國。若不爾者，不取正覺。」講的就是阿彌陀佛金身放出無量光芒，更勝太陽、月亮千萬億倍，人們只要見了這種光明，或被這種光明照拂在身上，便能清淨安樂，往生淨土。

爲什麼阿彌陀佛被稱爲「西方教主」？

陝西省西安市城南終南山下的香積寺，是中國佛教淨土宗正式創立後的第一個道場，爲淨宗祖庭。唐高宗永隆二年（西元681年），善導大師圓寂，弟子懷惲（寂後諡隆闡大禪師）建立香積寺和善導塔紀念師父。香積寺曾經規模宏大，而且景色絕佳，唐代詩人王維曾有詩道：「不知香積寺，數里入雲峰。古木無人徑，深山何處鐘。泉聲咽危石，日色冷青松，薄暮空潭曲，安禪製毒龍。」

阿彌陀佛的另一個稱呼是「西方極樂世界教主」，這個名稱有什麼特別的涵義呢？

西方極樂世界所說的西方，是相對於我們身處的世界來說的。我們身處的大千世界叫做「娑婆世界」（地球就屬於這世界的一部分），釋迦牟尼佛是這一世界的教主。「娑婆世界」又可意譯爲「忍土」，被稱爲「五濁世間」，是「極樂世界」、「淨土」的對立面，釋迦牟尼佛曾發願在穢土中成佛，以普度眾生。藥師佛的淨土叫做東方琉璃淨土，阿彌陀佛的淨土就是西方極樂淨土。《無量壽經》說，阿彌陀佛在離此十萬億佛土之西方，報得極樂淨土。佛教的宇宙觀是非常超前而殊勝的，在天文學還十分不發達的時代，佛陀早已開示宇宙中有無數個世界，也就是今日所說的宇宙中有無數個星球、無數個已知或未知空間的道理。無論是東方世界還是西方世界，我們都可以套用現代的科學理論來理解，這些淨土應該就存在於茫茫宇宙中某一處地球眾生現在還難以勘探和理解的地方，那裡擁有著難以想像的殊勝景況，我們無法以身處的娑婆世界這個穢土的凡夫智慧去接近理解，唯有依靠阿彌陀佛的佛力來救度，一念之間，往生而去，投生於那個不可思議的世界。由於阿彌陀佛有臨終接引往生西方極樂世界的事蹟，故而又稱爲「接引佛」。

如何才能看見阿彌陀佛？

佛告阿難：「若曹欲見無量清淨平等覺，及諸菩薩、阿羅漢等所居國土，應起西向，當日沒處，恭敬頂禮，念念『南無阿彌陀佛』。」

根據《無量壽經》的記載，只要我們向著西面太陽落下的地方頂禮膜拜，口稱阿彌陀佛的名號，阿彌陀佛金身就會隨緣示現在你的面前。佛弟子阿難依此教誨，向西而拜，然後便發生了下面的事情：

「……頂禮之間，忽見阿彌陀佛，容顏廣大，色相端嚴。如黃金山，高出一切諸世界上。又聞十方世界諸佛如來，稱揚讚歎阿彌陀佛種種功德，無礙無斷。」

阿彌陀佛即刻之間就出現在阿難面前。是不是很神奇呢？接下來，阿難問釋迦牟尼佛說，西方極樂淨土是絕無僅有的勝地，他也想要往生而去。於是釋迦牟尼佛告訴阿難：「這是一件好事啊！往生於極樂淨土之人，可以親近到無量的諸佛，種下無限功德。你若要去的話，應該一心皈依瞻仰才對。」就在這問答之間，阿彌陀佛的掌中放出無量的光芒，普照一切諸佛世界。這種光明極其清淨，在它的映照下，世界所有黑山、雪山、金剛、鐵圍大小諸山、江河、叢林、天人宮殿，一切境界，都清晰顯現出來，有如日光，遍徹世間。

然而，我們不是聲聞弟子，根器駑鈍，又處在末法世間，我們向西叩拜念名的話，未必能如阿難一般，能夠立刻得見阿彌陀佛的聖容和聖蹟。但是只要潛心念佛，修持不懈，終能往生西方極樂世界，親近阿彌陀佛，被佛教化，早日成佛。

上

遼代佛教造像藝術曾經非常發達，有不少傳世遼代金銅佛像傳存至今。此尊銅阿彌陀佛跏趺端坐像，頭飾螺髮，頂上肉髻平緩，面相圓潤，神態莊重；衣紋寫實自然，有較強質感；雙手置於雙膝結彌陀定印。座具為遼代流行樣式，上部的仰蓮花瓣造型寬大，勁健有力。

右

四川博物院藏傳佛教文物館收藏的明代阿彌陀佛金銅造像，此像為藏傳佛教式，雖為塵垢所蒙蔽，仍可看出其工藝精湛，佛像之慈悲願懷十分動人。

9

西方極樂世界是什麼景象？

阿彌陀佛所在的西方極樂世界又稱極樂世界，是阿彌陀佛依因地修行所發之四十八大願感得之莊嚴、清淨、平等的佛教淨土。所謂淨土，是相對於娑婆世界的穢土而說的。極樂，則是相對於娑婆世界中的種種煩惱而言。根據《阿彌陀經》的記載：「彼土何故名為極樂？其國眾生，無有眾苦，但受諸樂，故名極樂。」

大勢至菩薩是淨土宗的法界初祖，《楞嚴經・大勢至菩薩念佛圓通章》中，大勢至菩薩在楞嚴會上講出了念佛法門。圖為陝西省扶風縣法門寺文化風景區的大勢至菩薩造像。

▌西方極樂世界的景象

在《阿彌陀經》中描繪了一張清晰而美妙的極樂世界圖。極樂世界是一個無比美妙、清淨有趣的世界，環境非常莊嚴華麗，樓閣都是由金、銀、琉璃、玻璃、硨磲、赤珠、瑪瑙等七寶裝飾而成。極樂世界中的山，也都是由琉璃和寶石堆積而成。有的草山遍地開花，土地柔軟芳香，行走在上面就如踏在沙發上一般舒適。也有雪山，令遊者遍體清涼，流連忘返卻不會令人凍傷或受寒。這些山皆是由彌陀的智慧及功德化出。

淨土中的園林有各種美妙的樹，例如沉香樹、如意樹等等。林中有各種顏色及品種的鳥，有白鶴、孔雀、鸚鵡、舍利、迦陵頻伽、共命之鳥，這些鳥有白色、黃色、紅色、綠色、藍色及彩色等等。淨土中並無三惡道，那麼這些鳥是從哪裡來的呢？這些鳥並非如六道中的畜牲，而是阿彌陀佛之智慧所化出的。這些淨土鳥會唱出和雅悅耳動聽的鳴聲，鳴叫的內容則是宣說四法印等令人證悟佛法之音。園林中有瀑布、河川及小溪等，全是八功德水，水聲不但悅耳，而且也是宣示佛法的法音。淨土中的風聲也是宣說佛法的妙音，不同於我們世界中的凡俗風嘯聲。

在淨土的多個角落有各種寶池，就像游泳池一般，池上有亭閣，是由諸寶石雕砌而成，亭上有各種花蔓、羅網、吉祥飾物等等飾嚴，美麗得不可思議。淨土中處處有花，彌漫著香味，並且放射出各種顏色的光芒。這些花開完後便自行落下，微風會把它們吹走，之後又再長出鮮花。這些

蓮社八祖明雲棲蓮池大師

清朝線刻雲棲袾宏（蓮池大師）像。袾宏是明朝四大高僧之一，被奉為蓮宗第八祖，是中國佛教淨土宗歷史上非常重要的人物。袾宏早年即奉淨土宗，出家後以修弘淨土法門為主，兼修禪宗、華嚴，但以淨土為歸趣。袾宏勤於著述，訂正許多課儀，流傳至今。袾宏主張嚴持戒律，力倡戒殺放生。

花並非凡俗世界的花，它們碩大芳香，有些花一朵的直徑就有幾百公里。

在極樂淨土的中央位置有一株如意樹，其前方為阿彌陀佛的宮殿。此宮由四種珍貴寶石所造，非常的巨大宏偉。宮中大堂有一座由寶石雕砌、八隻孔雀肩負的說法寶座，寶座上是一朵蓮花，蓮心中央有一個月座，阿彌陀佛便坐在這月座之上說法。穿著比丘僧的三衣袈裟，呈雙盤跏趺坐姿，身上具足了佛陀所有的三十二相、八十種好。

▎極樂世界之妙處

居住在西方極樂淨土中的眾生，能夠獲得五種淨化的功德福報：

一、**環境淨化**：極樂淨土的建築是由金銀琉璃所建造，沒有污染。山川河流皆是由阿彌陀佛的願力和功德化成，從無自然災害。

二、**生活淨化**：居住在極樂世界的眾人，只要動念，就能立即得到最華美的衣物和最珍貴的食物，但這些世俗世界的珍饈華服在極樂世界已經失去了吸引力，人們看看自然美景就能飽腹，耳聞法音流轉就能消除疲倦，念動之處就能瞬間飛行到十方世界，恭聆諸佛說法，供養諸佛。

三、**經濟淨化**：在極樂世界中的眾人想要任何東西都能予求予取，因此，對於任何外在的財富都沒有分別心和執著心，人們無須囤積物資、建造房屋，自然也不會有種種糾紛和爭鬥。

四、**人群淨化**：極樂淨土是「諸上善人聚會一處」，眾人的生活目標和生活重心乃是念佛、念法、念僧，以快速修成佛果為最終目的，眾人同心，無有憎嫌，人群自然和睦。

五、**身心淨化**：投生極樂淨土的眾人，六根俱全，並無殘疾、病痛存在。沒有男性和女性的差別，人人都從蓮花化生，所以也沒有生育的痛苦。在淨土修行之人均具有天眼通、天耳通、他心通、宿命通等神通，沒有生老病死、愛別離、怨憎會、求不得等苦，不受貪瞋癡三毒困擾，沒有是非，只有清淨，沒有煩惱，只有極樂，是所謂極樂淨土。

 佛法小常識

「西方極樂世界」和「淨土」

淨土，指以菩提修成之清淨處所，是佛所居之處，全稱為「清淨土」、「清淨國土」或「清淨佛刹」，又作「淨刹」、「淨界」、「淨國」、「淨方」、「淨域」、「淨世界」、「淨妙土」、「妙土」、「佛刹」或「佛國」。相對而言，眾生居住之所有煩惱汙穢，故稱「穢土」、「穢國」。淨土是大乘佛教的專有名詞，小乘佛教並無此種說法。大乘佛教認為，得涅槃的諸佛仍然需行菩薩道，各在其淨土而教化、救度眾生，故有佛所住之處即為淨土。諸佛的淨土距離我們所在的娑婆世界，各有一定的距離和方位，因此可以統稱為「十方淨土」。

西方極樂世界，是阿彌陀佛的居住地，也是阿彌陀佛以大願力救度眾生以供眾生方便修行的所在，自然屬於淨土的一種。在中國，阿彌陀佛的淨土應該是最為著名、最為殊勝、也是最受信仰崇奉的淨土。

日本京都知恩院珍藏的描繪日本佛教淨土宗祖師法然法師（西元 1133~1212 年）講經場景的《法然上人畫卷》（局部）。西元七世紀初，日本到中國的留學僧惠隱就攜回淨土經典並開始弘揚。法然法師尊奉中國佛教淨土宗善導大師為祖師，嚴格遵守善導大師的淨土思想，創立了日本佛教淨土宗，認為只要一心專念彌陀名號，依仗阿彌陀佛的願力，便能往生淨土。法然的弟子親鸞建立了日本佛教淨土真宗，一般也認為此宗是日本淨宗的一支。

為什麼西方極樂淨土中沒有女人？

中國首都博物館藏清代白瓷持經觀音菩薩像。此像妙相莊嚴，面容慈祥，呈在家貴婦樣，髮髻高聳，廣額豐頤，赤足半自在坐於蒲團上，手持經卷。此像瓷質晶瑩，衣飾精美，線條圓潤流暢，藝術妙絕。

《無量壽經》中說到阿彌陀佛第二十二大願是淨土中沒有女人：「我作佛時，國無婦女。若有女人，聞我名字，得清淨信，發菩提心。厭患女身，願生我國，命終即化男子，來我剎土。」為何講究眾生平等的佛教，竟然會有這樣疑似「性別歧視」的說法呢？

女性因為自身生理和歷史的原因，往往受到低於男性的對待，甚至是更為深重的歧視與壓迫。釋迦牟尼等眾佛菩薩在世間弘法，根據世間現狀，滿足了不少受壓迫、受苦難的女性想要轉生為男性的誓願。但在西方淨土，則根本不存在這樣的性別壓迫和歧視。

確切來說，西方淨土既無男性，也無女性，從根本上消除了性別之分。性別的這個「別」字，其實就有了分別之心。有了分別心，又怎麼能夠成佛呢？因此，西方極樂淨土中的方便修行，是沒有貴賤、貧富、尊卑、智愚之分別的，同理，也不會有男女的分別。在世間修行的女性們也必須明白，帶來一切苦難煩惱的，並不是自己的性別，而是無常的世間法。一念迷而男尊女卑，一念悟又何分男女！這些高深的道理如果暫時不能體悟也沒關係，不論男女，都可以一體虔心念佛，等往生到無上莊嚴、完美方便的極樂淨土，自然能得阿彌陀佛開示，當可歡喜奉行。

11
一共有多少種淨土？
它們之間有什麼不同？

按照佛教的說法，淨土的種類很多。從方位上來說，可以分為佛國淨土、天國淨土、自心淨土、人間淨土；從針對的受眾來說，可以分為大乘不共法的淨土、三乘共法的淨土和五乘共法的淨土；從淨土的性質來說，可以分為法性土、實報土、事淨土、化淨土。而從不同的佛菩薩所做主尊來說，淨土的數量非常廣大，除了阿彌陀佛的西方極樂淨土外，比較常見的還有阿閦佛的妙喜淨土、東方藥師佛的琉璃淨土和彌勒菩薩的兜率淨土。

▌阿閦佛的妙喜淨土

阿閦佛又稱阿閦鞞佛、阿芻鞞耶佛、惡乞閦毗也佛，意譯是不動佛、無動佛，或無怒佛、無瞋恚佛。此佛為東方現在佛，「無瞋」或「不動」都是阿閦佛的名號。在藏傳佛教的五方佛說法中，阿閦佛就是東方不動如來。五方佛具體是指西方阿彌陀佛、東方阿閦佛（不動佛）、中央毗盧遮那佛、南方寶生佛、北方不空成就佛，與轉貪、瞋、癡、慢、疑五毒為妙觀察智、大圓鏡智、法界體性智、平等性智、成所作智的五智理論相關。

依據《阿閦佛國經》卷上〈發意受慧品〉與〈善快品〉所載，過去東方去此千佛剎，有阿比羅提世界，大日如來出現其中，為諸菩薩說法，其時有一菩薩，於聞法後發無上正真道意，發願斷瞋恚、斷淫欲，乃至成最正覺，大日如來歡喜而賜號阿閦。阿閦菩薩遂於東方阿比羅提世界成佛，現今仍於彼土說法。又據《法華經》記載，大通智勝佛未出家時有十六王子，後皆出家而為沙彌，其第一子名為智積，即阿閦，於東方歡喜國成佛。《悲華經》中則說，阿彌陀佛於過去世為轉輪無諍念王時有千子，其第九子蜜蘇即為阿閦，在東方成佛，國號妙樂。

清朝末年的四川與西藏交界處界柱上刻的「阿彌陀佛」。四川是天府之國，西藏的自然環境則相當艱困，一般人由藏入川而喜，由川入藏而愁，但正所謂「喜也阿彌陀，愁也阿彌陀」，念一聲「阿彌陀佛」，既表達了喜悅，也表達了祈願阿彌陀佛保佑之意。

河南省洛陽龍門石窟西山北端的第一個大窟——潛溪寺，開造於唐高宗年間（西元650~683年），主佛像為阿彌陀佛，表明盛唐時期阿彌陀佛信仰已經十分流行（其實，龍門石窟最大的奉先寺窟即善導大師主持設計和鑿造的）。潛溪寺窟頂藻井為一朵淺刻大蓮花，阿彌陀佛端坐在須彌臺上，面頰豐滿，神情睿智，身體各部比例勻稱，胸部隆起，衣紋斜垂座前，整個姿態靜穆慈祥。主佛兩側為佛弟子，兩弟子旁邊有觀世音菩薩和大勢至菩薩，可惜兩弟子像毀損得很嚴重。

　　關於阿閦佛的東方妙喜淨土，中國人所知甚少，但在印度早期佛教歷史上，這是一個重要的修行世界。根據《阿閦佛國經》和《大寶積經‧不動如來會》的記載，阿閦佛曾在大目如來面前發下十二大願，以願力造出東方妙喜世界。這片淨土的主要特點是：一、無三惡道，只有人、天、阿修羅三善道；二、人民善良，性情淡泊，無貪、瞋、癡困擾；三、女人沒有懷孕、生產時的種種痛苦，不重淫欲；四、人們可以從樹上得到華美的衣服，隨著意念而化生美妙可口的食物；五、沒有疾病、種族差異、外道邪說；六、沒有政治組織、刑罰、商業交易，以阿閦佛為法王，帶領眾生快樂修行；七、天界和人界通過三寶階梯連接，人天可以自由往來；八、聲聞弟子很容易成就，一聞法就能證得阿羅漢果；九、在此修行的菩薩可以隨意到十方佛剎聽法，或到濁土度化眾生。綜合來說，妙喜淨土是個重視佛道修行，以智慧為主的修行世界。

■ 東方藥師佛的琉璃淨土

藥師琉璃光如來是東方淨琉璃世界的教主。根據《藥師琉璃光如來本願功德經》，藥師佛立有十二大願，要滿足眾生的一切欲望、解除眾生的一切痛苦。藥師佛，梵名音譯作鞞殺社窶嚕，又作藥師如來、藥師琉璃光如來、大醫王佛、醫王善逝、十二願王。

《藥師經》說，藥師琉璃光如來，在因地中，以大悲願，發十二大願，目的在：開發知識，促進事業；救治身體殘廢，貧病無依；大家獲得豐富的衣食康樂；不信邪教；不犯法受刑；男女平等；一切眾生成佛。以這樣的願行，在東方世界，現起莊嚴的琉璃淨土。

藥師佛被視為大醫王，供奉藥師佛有消災祛病的效驗。根據《藥師經》記載：若有人身患重病，即將死亡，病人的眷屬在此人臨終時晝夜盡心供養禮拜藥師佛，讀誦《藥師如來本願功德經》四十九遍，燃四十九燈，造四十九天彩幡，此人即得以延生續命，病痛自然痊癒，健康長壽。

藥師佛的東方淨琉璃是一處非常莊嚴殊勝的淨土，沒有女人，沒有苦音聲，琉璃為地，金繩界道，軒窗樓閣，都用七寶造成。此淨土從教主、各菩薩脅侍一直到有情眾生，皆清淨如琉璃，內外明徹，淨無瑕穢，光明廣大，功德巍巍。藥師佛和兩位脅侍都常駐在琉璃世界說法。

日光菩薩和月光菩薩是藥師佛的左右脅侍，合稱「藥師三尊」、「東方三聖」。按佛教的說法，電光如來行化世間時，有一梵士養有二子，發願救助病苦眾生，電光如來對其極其讚賞，勸其改名「醫王」，其二子改名「日照」、「月照」，後來梵士與二子即成為藥師佛和兩大脅侍菩薩。也有些佛經以觀音、勢至二菩薩為其脅侍者，或說以文殊、觀音、勢至、寶壇華、無盡意、藥王、藥上、彌勒等八菩薩共駐其中，為藥師佛侍者。

■ 彌勒菩薩的兜率淨土

兜率天，意譯知足天、妙足天、喜足天或喜樂天，與夜摩天合稱為「兜夜」，是欲界六天中的第四天。兜率天有內外兩院，兜率內院就是彌勒菩薩的淨土。

彌勒作為即將成佛的補處菩薩，在兜率天中宣說佛法。常人若在此天中住滿四千歲，就可以下生人間，成佛於龍華樹下。又有說從前釋迦牟尼佛身為菩薩時，也是從這裡下生人間而成佛的。傳說兜率內院細分

為四十九院，所謂「四十九重微妙寶宮」。此間的一晝夜相當於人間四百年，居住在此的天人則享有按照此間時間計算四千年的悠久生命。

在《彌勒菩薩本願經》中記載了彌勒菩薩曾發三大誓願：「使我作佛時，令我國國中人民，無有諸垢瑕穢，於淫怒癡不大，殷勤奉行十善，我爾乃取無上正覺。」體現出大慈予一切眾生樂、大悲拔一切眾生苦的大悲大願。

在《觀彌勒菩薩上生兜率天經》中，釋迦牟尼佛為眾生描述了一幕幕兜率天的殊勝妙境，講了兜率天宮殿的雄偉壯觀、微妙殊勝，國土異常清淨，人民豐衣足食，生活安寧幸福，還講了彌勒菩薩化生蓮臺說法的殊勝法相，又講了彌勒菩薩晝夜六時不斷為諸天子演說無上正覺妙法，諸天子聞法一時得正覺者不計其數。彌勒淨土也是佛教中所說的重要淨土，歷代都有高僧發願往生彼處。

現代人用電腦素描繪畫的阿彌陀佛像，此為接引佛姿勢，光芒神聖，面容慈悲，衣紋流暢。現代科技的發展更加證實了佛經中常說的「如來是真語者，實語者，如語者，不誑語者，不異語者」。例如，佛經中常提到「盡虛空遍法界」，一般人會想到虛空不就是什麼也沒有嗎？然而，現代科技告訴我們有看不見、摸不著的暗物質存在，有網路虛擬世界和「第二人生」，所以，我們念佛宜迴向給盡虛空遍法界一切眾生，願一切眾生皆能往生極樂世界。而電腦遊戲愛好者們還是盡量少玩暴力色情之類的遊戲，不要以為是虛擬的便無所謂，當知起殺心、動色念，皆在造業也。

爲什麼人人都想往生淨土？

由於淨土宗的影響力逐漸擴大，以及禪淨合流思想的發展，往生極樂淨土成爲中國唐代以後四眾弟子修習佛教的第一選擇或首要選擇。相較之下，講說佛教教理的各宗反而顯得黯然失色了。

事實上，往生極樂淨土和其他修行一樣，最後的目的都是成佛，都是了斷世間煩惱，求得無上清淨。所謂不悟而凡，悟則爲佛，娑婆世界的眾生，人人都有佛性，只是五濁惡世中有太多困擾，眾毒蒙蔽，難得清淨。壽命的短暫，力量的淺薄，貪、瞋、癡的糾纏，六道輪迴的無奈，都令得佛性種子長久沉眠而難以覺悟。

極樂世界提供了一片沒有干擾、沒有惡力、沒有逆緣的淨土。有佛說法，人人都是聲聞；無病無憂，可以專心修行。唐代淨土宗高僧法照法師有個偈子寫出了念佛往生的效用、功德，以及人們想要往生極樂的迫切心情：

上海博物館藏隋朝（西元六、七世紀之交）阿彌陀佛三尊銅像。此造像爲四腳長方形底座，上承一佛二菩薩、二供養人、二獅子。主佛跏趺坐於束腰形仰覆蓮臺上，結說法印。二菩薩面佛而立，左尊持寶珠，右尊拈寶花，均高髻寶冠，面相豐腴，低眉垂首，神態靜穆安適。女供養人披帛恭立，一手捧物；男供養人合掌當胸，表情謙恭。獅子張口吐舌，作踞蹲狀。作品主體突出，佈局疏密有致，大小相間，富有變化之趣；各像造型精巧，透雕頭光和蓮座紋飾有玲瓏剔透之美。

重慶安嶽縣大足北山之晚唐開鑿的阿彌陀佛龕摩崖造像。大足北山的石刻為晚唐時期所開造，多以淨土變為題材，如觀無量壽經變龕、阿彌陀佛龕，反映了當時淨土信仰已經廣泛傳播、信眾很多。

彼佛因中立弘誓，聞名念我總迎來；不簡貧窮將富貴，不簡下智與高才；

不簡多聞持淨戒，不簡破戒罪根深；但使回心多念佛，能令瓦礫變成金。

此界一人念佛名，西方便有一蓮生；但使一生常不退，此華還到此間迎。

如來尊號甚分明，十方世界普流行；但有稱名皆得往，觀音勢至自來迎。

彌陀本願特超殊，慈悲方便引凡夫；一切眾生皆度脫，稱名即得罪消除。

凡夫若得到西方，曠劫塵沙罪消亡；具六神通得自在，永除老病離無常。

西方進道勝娑婆，緣無五欲及邪魔；成佛不勞諸善業，華臺端坐念彌陀。

五濁修行多退轉，不如念佛往西方；到彼自然成正覺，還來苦海作津梁。

萬行之中為急要，迅速無過淨土門；不但本師金口說，十方諸佛共傳證！

十惡五逆至愚人，永劫沉淪在久塵；一念稱得彌陀號，至彼還同法性身。

13

念「阿彌陀佛」名號就能往生淨土？

　　由於稱名念佛說法影響很大，有些不明就裡的人便以爲要往生極樂淨土，不過就是合十念念阿彌陀佛，或者念南無阿彌陀佛而已。事實上，往生淨土需要的不只是念誦佛號。

　　信、願、行被稱爲往生淨土的三資糧。資糧，指的就是往生淨土最基本的條件。信、願、行三者如鼎之三足，缺一不可。信，必須深信；願，要切願；行，要力行。

一、信：信是由智生解，能斷一切疑。「佛法如大海，信爲能入。」信，首先是信因果，信佛法的理論根基。除此之外還需具備以下六信：

　　1. 信佛語：信此淨土法門是釋迦牟尼親口所說，眞實無欺。

　　2. 信佛願：信阿彌陀佛的四十八大願，願力不可思議。

　　3. 信法門：信世間眾人只要肯發心求願往生，必能實現。

　　4. 信自心：信我們自心之中常存佛法種子，只要一旦萌芽，必能成就佛果。

　　5. 信　事：信我們所居住的娑婆世界之西，確實有個無有眾苦、但受諸樂的清淨國土，有願往生者，必蒙佛菩薩接引、蓮花化生而去。

　　6. 信　理：信「自心即是彌陀」之理，明瞭佛法之大要精概。

二、願：如果只是有信心，但不發願，還是難以成就。我們欲往生西方淨土，還應當發六種願心：

　　1. 願捨一切貪、瞋、癡等所有煩惱，一心求生極樂國土。

　　2. 願從今以後不作諸惡業，得免墮三惡道苦，求生極樂。

　　3. 願所作善業，悉作往生西方之資糧。

　　4. 願往生之志立後，不管逆境災難與病苦，終不改念佛求生西方之心。

　　5. 願持戒、佈施、誦經、禮佛等所有功德，悉皆迴向西方極樂世界，以作往生之助。

　　6. 願法界眾生皆發念佛之心，同生極樂。

三、行：行是實行，用俗話來說，便是做功課。對修淨土而言，指的就是以念佛爲主的各種具體的修行實踐。

河南博物館收藏的唐代阿彌陀佛石座像。此像精工，佛面慈悲含笑，背光宏大壯美，衣飾質感強、線條流暢。

往生西方極樂世界之行以念佛為主，這是「正行」，是修往西方的主要方式。但其他的持戒、佈施、誦經、禮佛、慈善等等學修方式，都是必不可少的「助行」，也應該多多實踐，歡喜奉行。正行為主，助行為賓，正助合行，利益甚大。修淨土者既要往生西方，也要廣種福田，勤修智慧，為將來成佛之後弘揚大乘、度化眾生作準備。

西方世界除了教主阿彌陀佛外，還有哪些菩薩護持？

　　猶如東方淨琉璃世界除了藥師佛之外，還有日光、月光兩位脅侍菩薩一樣，西方極樂世界於阿彌陀佛之下，也有觀世音菩薩與大勢至菩薩兩位脅侍菩薩。他們兩位在阿彌陀佛示寂之後，將依次候補成佛，率領極樂淨土的眾生為證得佛果而繼續修行。

 佛法小常識

脅侍

立在佛兩邊的兩位菩薩，稱為這位佛的脅侍。比如，觀世音菩薩侍立於阿彌陀佛的左邊，所以又稱為阿彌陀佛的「左脅侍」；大勢至菩薩立於阿彌陀佛的右邊，於是又稱為阿彌陀佛的「右脅侍」。觀世音與大勢至兩位菩薩，在阿彌陀佛為無諍念王的那一世，便與阿彌陀佛結下了不世的因緣。當時無諍念王有千子，其中長子即為觀音，次子便是勢至。

淨土二十五菩薩

極樂淨土除了觀音和大勢至兩位候補佛之外，數得上名號的還有二十三位大菩薩，他們的名號分別是：藥王菩薩、藥上菩薩、普賢菩薩、法自在菩薩、獅子吼菩薩、陀羅尼菩薩、虛空藏菩薩、德藏菩薩、寶藏菩薩、金藏菩薩、金剛藏菩薩、光明王菩薩、山海慧菩薩、華嚴王菩薩、眾寶王菩薩、月光王菩薩、日照王菩薩、三昧王菩薩、定自在王菩薩、大自在王菩薩、白象王菩薩、大威德王菩薩和無邊身菩薩。

當代工藝大師夏吾才郎（西元1922~2003年）繪製的唐卡《阿彌陀佛極樂世界圖》（局部）。夏吾才郎擅長佛教壁畫和唐卡，他年輕時曾赴敦煌協助張大千臨摹壁畫，對藏族的歷史、文化和繪畫有深入研究，並能靈活地運用於創作中。其作品技藝精湛，精巧細膩，風采華美，充滿活力。製作唐卡很費時間和精力，打磨底板、上底色、勾勒線條、上色、上金等各步驟，都很考驗功夫，有時要花費幾十年才能製作出一幅好的唐卡。

大勢至菩薩是誰？
他的前世有何殊勝因緣？

大勢至又稱得大勢或大精進菩薩，是西方極樂世界阿彌陀佛的右脅侍菩薩，與觀世音菩薩並稱爲「西方三聖」。「大」是所證之法身，以法身豎窮橫遍，故名大；「勢」是能證之般若，以般若智內破煩惱惑，外伏諸魔怨，故名勢；「至」是究竟義，即解脫德，以菩薩位鄰極聖，證近於佛，故名至。

大勢至菩薩，梵名音譯是摩訶娑太摩缽羅缽跢，意譯作「得大勢」、「大精進」，略稱勢志菩薩、勢至菩薩。此菩薩以智慧光普照一切，令眾生離地獄、惡鬼、畜生三惡道，得無上力；他行走時，十方世界一切地皆震動，所以稱爲大勢至。《首楞嚴經》卷五〈念佛圓通章〉中說，大勢至菩薩於因地時，以念佛心入無生忍，今於此娑婆世界攝念佛眾生歸於淨土。《悲華經》卷三中則記載，當阿彌陀佛入滅後，由觀世音菩薩補其位；觀世音入滅後，則由大勢至補處成佛，掌握化權，號「善住珍寶山王如來」。

藏傳佛教認為活佛轉世就是佛以自己未竟之本願，再度化身人世，弘揚佛法，濟世度生。藏傳佛教認為班禪活佛是無量光佛（阿彌陀佛）的應化身。此為西藏的阿彌陀佛唐卡畫像。

《觀無量壽經》說：「（大勢至菩薩）以智慧力，拔三塗苦，得無上樂，故名大勢至。」《思益經》說：「我投足一處，震動大幹，及魔宮殿，故名得大勢。」大勢至菩薩頭頂寶瓶，讓智慧之光普照世間一切眾生，使眾生解脫血火刀兵之災，得無上之力。相傳其道場在江蘇南通的狼山，被稱爲中國佛教的「八小名山」之一。現在狼山的廣教寺是中國佛教名寺。

▌大勢至菩薩是念佛而得以成就？

大勢至菩薩是以都攝六根、念佛法門而證道，他經歷十信、十住；十行、十迴向、十地及等覺、妙覺；由念佛至成道的五十二個階段。據《楞嚴經大勢至菩薩》中說，大勢至菩薩於往昔劫中，得遇十二如來，相繼一劫；其最後佛，名「超日月光佛」，彼佛傳授給大勢至菩薩以念佛法門。

超日月光佛，實際上就是阿彌陀佛的別稱。阿彌陀佛亦號無量光佛、無邊光佛、無礙光佛、無對光佛、炎王光佛、清淨光佛、歡喜光佛、智慧光佛、不斷光佛、難思光佛、無稱光佛、超日月光佛。以光明立佛，分十二號，阿彌陀佛一名，具十二光明，所以「超日月光」實際上就是無量光的別稱。超日月光佛所示之法，圓頓直捷，大勢至菩薩於聞法後，嚴謹受教，精進修持，即由念佛而證得三昧。

在楞嚴法會上，當釋迦牟尼佛向與會眾問「圓通」時，大勢至菩薩特別介紹了此念佛三昧法門。他說：「……譬如有人，一專為憶，一人專忘，如是二人，若逢不逢，或見非見。二人相憶，二憶念深，如是乃至從生至生，同於形影，不相乖異。十方如來憐念眾生，如母憶子。若子逃逝，雖憶何為？子若憶母，如母憶時，母子歷生，不相違遠。若眾生心，憶佛念佛，現前當來，必定見佛，去佛不遠，不假方便，自得心開，如染香人，身有香氣，此則名香光莊嚴。我本因地，以念佛心，入佛生忍。今於此世界，攝念佛人，歸於淨土。佛問圓通，我無選擇。都攝六根，淨念相繼，得三摩地，斯為第一。」

綜合以上，我們可以知道，大勢至菩薩在成就之前，乃是和眾淨土修行者一樣的念佛人。而念佛乃至於成就的例子，大勢至菩薩便是最佳的楷模。

▎大勢至菩薩與印光大師

印光法師（西元 1861~1940 年），名聖量，字印光，自稱常慚愧僧，因為仰慕廬山慧遠大師而號繼廬行者。印光大師對佛教淨土宗的振興具有重大作用，被尊為淨土宗第十三代祖師。據說有人在夢中得到觀世音菩薩點化，說印光法師是大勢至菩薩再來，並且為此來聽法師講經。民國二十五年，楊信芳女士夢見自己坐在一艘小艇上，駛近小島，觀音大士手提淨瓶站在小島上對她說：「大勢至菩薩，現在上海教化眾生，汝何昏迷不去聞法，四年後化緣畢矣。」又說：「印光和尚，是勢至化身。」楊女士原本不知佛教詳細，醒來後問同住的張孝娟女士的母親，可有一位菩薩名叫大勢至？可有一位和尚名叫印光？這才知道大勢至乃西方極樂世界菩薩，印光則是普陀山高僧。第二天她們看報紙時才發現，原來印光和尚真的在上海主持覺園息災法會，於是楊女士便與張孝娟母女同往聽法，皈依

了印光法師，得賜法名「慧芬」。四年後，印光法師果然坐化而去，符合了夢中觀世音菩薩所說的期限。

　　印光法師最歡喜寫《楞嚴經》的〈大勢至菩薩念佛圓通章〉，不少居士都有他所書寫這一章的字畫。印光法師被認爲是大勢至菩薩的化身，圓寂後留下的《印光法師文鈔》等著作，被譽爲「小三藏」，對近代佛教界影響深遠。

江蘇省無錫太湖十八灣風景區的華藏寺，天王殿前有一阿彌「馱」佛雕塑像。相傳寺中有燒火煮飯的小沙彌，名叫阿彌，素性善良，勤奮任勞。某日，阿彌見山門外有老病乞丐，便悉心照料，但總不見好轉，衆僧多呵斥阿彌，想趕走乞丐，阿彌只得背馱起病乞丐走出山門。衆僧但見阿彌如踏上無影梯，步步高升雲端，大驚。老方丈連連嘆息：「吾輩修煉數十年，卻不如阿彌一朝得道，馱佛升天矣！」衆僧齊聲高呼：「阿彌馱佛！」後來人們在傳說中就演變爲「阿彌陀佛」。此民間傳說有多種類似版本，主題都是善良人悉心照料病殘之人而得佛菩薩賜福。考察起來，這是有經典依據的：在《地藏經》中，佛陀告訴地藏菩薩，南閻浮提的上層社會人士，遇到社會最底層的貧窮者、甚至病殘者，若能發大慈悲心，放下自己高貴的心氣，和顏悅色，親手佈施，或派人佈施，並好言安慰勸導，則這些上層社會人士「所獲福利，如佈施百恆河沙佛功德之利」。另外，《本生經》中講釋迦牟尼佛很久以前是儒童，曾脫下衣服、解開頭髮鋪地，讓燃燈佛履其衣髮而過泥濘之地。所以，佛教徒背馱著佛行走也是合理的。

觀世音菩薩是阿彌陀佛的
第一順序佛位繼承人？

重慶市大足石刻中的圓覺洞左窟的淨瓶觀音像，頭戴鏤花寶冠，臉微側向，眉目中透露慈悲，耳垂珠環，身著寶繒，飄逸有致，遍體瓔珞綴飾，飾物足踏蓮花，左手提淨瓶，右手執柳枝。圓覺洞石刻以宋朝造像為主，以其中的「西方三聖」最為宏偉，雕鏤在高8公尺、寬5公尺、深4公尺的石窟中，三像形體魁偉，高約7公尺，神態各別，形神兼備。

　　菩薩，是「菩提薩埵」的簡稱，意為覺有情。觀世音菩薩是大乘佛教大悲精神的體現，《妙法蓮華經觀世音菩薩普門品》稱：「若有無量百千萬億眾生受諸苦惱，聞是觀世音菩薩，一心稱名，觀世音菩薩即時觀其音聲，皆得解脫」，顯示出這位菩薩解救眾生離苦得樂的大慈大悲和無邊靈感。

　　觀世音菩薩又稱為光世音菩薩、觀自在菩薩、觀世自在菩薩、觀世音自在菩薩、現音聲菩薩、窺音菩薩，略稱觀世音菩薩，別稱救世菩薩、蓮華手菩薩、圓通大士。凡遇難眾生誦念其名號，菩薩即時觀其音聲前往拯救，故稱觀世音菩薩。又因其於理事無礙之境，觀達自在，故稱觀自在菩薩。唐代時為避太宗李世民名諱，略去「世」字，簡稱「觀音」，並一直沿用至今。現在的浙江普陀山是觀音菩薩道場。大悲觀音菩薩與大智文

殊菩薩、大願地藏菩薩和大行普賢菩薩，是漢傳佛教寺院裡經常可以看到的四大菩薩。

藏傳佛教中，觀音菩薩的變化身很多，比較著名的有：千手千眼觀音，出自《大悲心陀羅尼經》，千手千眼是遍護眾生、遍觀世間的體現；馬頭明王，是觀音菩薩的憤怒相，象徵摧伏煩惱與魔障，因將馬置於頭，故名；四臂觀音，其形象與一般的觀音坐像無異，只是兩隻手合掌於胸前持摩尼寶珠，另外一手持念珠、一手持蓮花，象徵佛教圓滿的智慧、慈悲與吉祥。

觀世音菩薩爲古佛「正法明如來」重來，爲濟度眾生，順應各種機類而示現之三十二種形相，全稱妙淨三十二應入國土身，能示現佛身、比丘身、優婆塞身、天身、夜叉身等。根據《大阿彌陀經》、《無量壽經》和《觀世音受記經》等經典的說法，觀世音菩薩作爲阿彌陀佛的脅侍，常住西方極樂世界輔施教化，阿彌陀佛入滅後將候補成佛，號「普光功德山王如來」，成爲西方極樂世界的教主。藏傳佛教也以觀世音菩薩爲阿彌陀佛的脅侍，並認爲此菩薩與阿彌陀佛原爲因果之異，其本質即爲無量壽佛（阿彌陀佛），只是由於本誓的緣故，所以示現大悲菩薩形。

▋ 前世父子相繼，後世一生補處

根據《悲華經》的記載，在過去的時劫中，當阿彌陀佛仍然爲轉輪聖王的時候，叫作無諍念王，觀音菩薩就是此王的長子，亦即太子，名爲「不眴」。當時寶藏如來爲轉輪王授記後，不眴太子上前對寶藏如來發下廣大的誓願，願在自己行菩薩道的時候，眾生若遭遇苦難，如果稱念或憶念其名號，定當爲眾生免除苦難。並且在轉輪聖王（阿彌陀佛）入於無餘涅槃之後，證得佛果，繼續在西方極樂世界度化一切眾生。於是，寶藏如來爲太子授記爲觀世音，並且在無量壽佛入涅槃後，第二個恆河沙數等阿僧祇劫，極樂世界國土轉名爲「一切珍寶所成就」世界。觀世音在菩提樹下成就阿耨多羅三藐三菩提，號爲「遍出一切光明功德山王如來」。

可見，觀世音菩薩是阿彌陀佛的一生補處菩薩，將第一順位繼承阿彌陀佛而成佛，繼續救度眾生。

阿彌陀佛教導說除了念佛外，
還要多做善事？

很多淨土門派的大師，由於太過強調念佛的正行福報而令人有所誤會，以為修淨土法門之人無需做世俗慈善等事業。《佛說觀無量壽經》說：「欲修淨業者，得生西方極樂國土。欲生彼國者，當修三福：一者、孝養父母，奉事師長，慈心不殺，修十善業。二者、受持三歸，具足眾戒，不犯威儀。三者、發菩提心，深信因果，讀誦大乘，勸進行者。如此三事，名為淨業。佛告韋提希：汝今知不？此三種業，乃是過去未來現在，三世諸佛，淨業正因。」裡面明確說到了淨業、修三福和修十善業。

弘一大師是弘傳律宗的高僧，但他也是淨土第十三祖印光大師的弟子，他對淨土法門和慈善修行的關係，有著精闢的論述：

「修淨土宗者，第一需發大菩提心。《無量壽經》中所說三輩往生者，皆需發無上菩提之心。《觀無量壽佛經》亦云，欲生彼國者，應發菩提心。由是觀之，惟求自利者，不能往生。因與佛心不相應，佛以大悲心為體故。常人謂淨土宗惟是送死法門（臨終乃有用）。豈知淨土宗以大菩提心為主。常應抱積極之大悲心，發救濟眾生之宏願。修淨土宗者，應常常發代眾生受苦心。願以一肩負擔一切眾生，代其受苦。所謂一切眾生者，非限一縣一省、乃至全世界。若依佛經說，如此世界之形，更有不可說不可說許多之世界，有如此之多故。凡此一切世界之眾生，所造種種惡業應受種種之苦，我願以一人一肩之力完全負擔，決不畏其多苦，請旁人分任。因最初發誓願，決定願以一人之力救護一切故。……至於做慈善事業，乃是人類所應為者。專修念佛之人，往往廢棄世緣，懶做慈善事業，實有未可。因現生能做種種慈善事業，亦可為生西之資糧也。」

意思是說，修淨土宗的第一要務也是發菩提心，不僅要專修念佛，還需要多做慈善事業，這些都是往生西方極樂世界的資糧。

做了一輩子壞事，只要臨終前念一聲「阿彌陀佛」，就能往生極樂嗎？

《觀無量壽經》和《無量壽經》中說到，凡夫持念阿彌陀佛名號，仰仗阿彌陀佛在因地所發的大誓願力，雖曾造大惡業，也能往生彼國，這即是所謂的「放下屠刀，立地成佛」。就算是惡人，造下惡業，也可被接引前往極樂淨土，這就是所謂的「帶業往生」。淨土是先離輪迴、再證因果的法門。但是即便到了淨土，所造的業力也不會簡單的就一筆勾銷。

那麼什麼是業？

業，梵語原意是行為，音譯為「羯磨」。古人釋「業」為「造作」，意思是指一切的行為、所作、行動、作用、意志等身心活動，或單由意志所引生的身心生活。若與因果關係結合，則指由過去行為延續下來所形成之力量。此外，「業」也含有行為上的善惡苦樂等因果報應思想，以及前世、今世、來世等輪迴思想。

一般而言，業分為身、口、意等三業，內心欲行某事之意志稱為「意業」，以身體之行動與言語表現其意志者，即是「身業」和「口業」。此外，業又可分為兩種，「思業」指意志之活動，「思已業」指思業中已付諸行動的活動，所以，思業等於意業，思已業則包括身、口兩業。

▌帶業往生

淨土所說的「往生」，分為兩種：帶業往生是大部分凡夫去往極樂的方法；消業往生則是有大修持、大智慧的高僧大德方能做到。一個人可能罪大惡極，惡貫滿盈；也有人自以為做了一輩子善事，但誰敢保證一生不起一惡念，甚至於無意間做出什麼傷害他人或是傷害其他有情眾生的事呢？所以，除非是有修證的大師，絕大部分往生淨土的眾生都是「帶業往生」的。因此，根據每個人業力的不同，淨土有九品往生的區別，「帶業往生」到了西方極樂世界後，還需要繼續修行才能證得佛果。

▌惡人往生的故事

明末四大高僧之一的蓮池大師在《往生集》中，集錄中國與印度往生西方者，共分九類，其中有一類就是惡人往生的故事。現摘錄兩則如下：

有一則故事是說，唐朝有一位專門宰牛的屠夫張善和，臨終時看見曾經死在他刀下的許多牛前來向他索命，心裡十分害怕，於是對他的妻子

說：「快快請僧人為我懺悔吧。」僧人匆忙趕到，對他說，《觀無量壽經》中說，只要你潛心念佛，就算臨終惡相現前，也終究能夠往生極樂。張善和說：「地獄就在眼前，我已經沒時間取香爐了。」於是左手點火，右手拿香，面向西方誠心念佛，還未念滿十遍，忽然自言自語道：「佛來迎接我了！」便安詳逝去。

　　宋朝有一位名叫吳瓊的人，曾經出家為僧，後來又還俗娶妻生子，殺戒酒戒，無一不犯，有時需要下廚親自持刀屠宰雞鴨，就一面念佛一面動手。後來他的眼睛上長了如雞蛋大小的惡瘤，十分害怕，便遣散妻子，獨自居住在茅草屋中晝夜念佛懺悔。某年，他告訴人說：「明日戌時就是我歸去的時辰。」眾人都不相信。第二天他將衣衫換了酒喝，喝完之後寫下佛偈：「似酒皆空，問甚禪宗。今日珍重，明月清風」，合掌念佛，叫了一聲「佛來了」，便化逝而去。

重慶大足寶頂山圓覺洞系依據《圓覺經》鑿造，主要描述十二位圓覺大士與如來佛談論修證法門。全窟造像精工考究，各位大菩薩自由跌坐，端莊瀟脫，表情各異，體態豐盈，瓔珞蔽胸，頭冠晶瑩剔透，天衣柔和如絹綢。洞壁粗獷豪放地鏤刻著亭臺樓閣，花鳥魚龍，山水奇石，煙繚雲繞。

甘肅武威海藏寺大雄寶殿裡的阿彌陀佛鎏金像，佛像前有觀世音菩薩瓷質像。觀世音菩薩是阿彌陀佛的脅侍大菩薩和修補佛，其頭頂上有化阿彌陀佛像。佛經中記載，阿彌陀佛與觀世音菩薩在久遠的過去世曾是父子。觀世音菩薩在修道之初曾發誓要度盡眾生，絕不放棄，否則頭顱碎裂。阿彌陀佛表示讚歎並說，諸佛都因普度眾生的誓願而得覺悟，將幫助觀世音完成誓願。但後來觀世音見六道眾生無數而畏難產生退心，頭顱即刻裂為碎片。此時阿彌陀佛現身，激勵觀世音繼續完成弘願，並以神力將碎裂的觀音頭顱重整變成十一面，並長出千手千眼，頭頂也升起化阿彌陀佛相。阿彌陀佛又傳觀世音六字真言，觀世音即刻得大智慧，並堅定地以大慈悲救苦救難。

到了極樂世界，就算是成佛嗎？

有些對佛法了解不深的人，以為往生到了淨土便萬事大吉，跳出輪迴，常得清淨。事實上，往生淨土和成佛是兩個截然不同的概念。

往生不等於成佛，就好像受了菩薩戒不等於成為菩薩一樣。往生不等於成佛，只是有了成佛的資糧。在極樂淨土，有情眾生都能親浴在佛法之中，大家聽阿彌陀佛講法，眾人都是聲聞，學習佛理，照見因果，勘透無明，證得菩提。由於極樂世界沒有邪見，所以一切知識都是正見；由於極樂世界沒有邪行，因此一切修持都是正行。如是修煉日久，開悟成佛。況且，往生到極樂世界後，人人擁有大神通，十方世界，億萬諸佛，均可動念而去，朝夕請教開示，成佛之途，十分容易。因此可以說，往生不等於成佛，但往生之後，必定成佛。

這幅唐卡中，佛弟子虔誠祈求，獲佛摩頂加持。有佛出世之處是淨土，一心念佛達到無念平靜之境，當下即淨土。

20

爲什麼有些阿彌陀佛佛像是坐著、有些是站著？

中國首都博物館藏唐代銅質阿彌陀佛像，此像呈浮雕式，身後船形背光造型別致，整體工藝質樸大方，表現了當時人們對阿彌陀佛的深切信仰。

現在常見的阿彌陀佛佛像一般分爲兩種：坐像和立像。這是由於阿彌陀佛成佛之前，於五劫中修大禪定，發大願力，故而有禪定思維之相；往生之後，四處接引念佛眾生往生極樂，故有站立接引之態。

具體坐像姿勢是：結跏趺坐，兩手結「彌陀定印」於臍下，掌心有一個寶瓶或蓮臺，這一形象通常供奉於大雄寶殿釋迦佛右邊。立像通稱「接引佛」，姿勢是右手下垂，結「與願印」或稱「接引印」，左手當胸，掌中置金蓮臺，顯示接引眾生的姿勢。

 佛法小常識

手印

簡單說就是手指所結之印，也就是手指的特定動作。

佛教中的印有「有相」、「無相」兩種區別。有相印即以色彩、形狀、姿態表示；無相印不以色彩、形狀、姿態表示，而在於體會真意，舉凡一投足一舉手等一切動作皆是法印。手印即屬於有相之印，種類繁多，最基本的爲十二合掌與六種拳（金剛拳、蓮華拳、內縛拳、外縛拳、如來拳、忿怒拳）。

由於修行者結手印即能感受佛、菩薩之力量而與之成爲一體，故結印、解印必須要拜師親授，敬謹慎重。結手印之兩手及十指各有其不同涵義，左右手分別表示止、觀，定、慧，權、實，慈、悲等，小指次第至大拇指則表示色、受、想、行、識或地、水、火、風、空。代表佛手印者，主要的手印有說法印、施無畏印、與願印、觸地印等等。

相里音征造阿彌陀佛石像
唐開元發元 公元723年

唐玄宗開元十一年（西元723年）造阿彌陀佛石像（上海博物館藏），雖因年代久遠而有殘損，但仍可見較強的宗教感染力和不錯的藝術水準。古代造像的工匠多虔誠敬仰之心，所以即使技藝上差了點，造像仍富感染力；今日造像之藝術工作者多在技巧上超越古人，但因缺乏宗教體驗和情感，致造像多美在皮相，卻少了對觀者之心靈感動。

天天念阿彌陀佛的名號，
阿彌陀佛會不會聽得很煩？

內蒙古包頭博物館收藏的一幅清代唐卡繪畫無量壽佛像。內蒙古地區流傳藏傳佛教。早在蒙元初年，領導藏傳佛教的薩迦派領袖薩迦班智達、八思巴就與蒙古統治者緊密聯繫，並把藏傳佛教傳入內蒙古地區。清朝時期，內蒙古地區以藏傳佛教格魯派為主。

佛心如慈母，佛有大願力，大功德。念佛名號，無上功德，所以，阿彌陀佛有廣大願力和不可思議神通，不會因為眾生念佛名號而有厭煩。會有這樣的想法，實在是有點太偏了。

南懷瑾先生曾講過這樣一個故事：

有一個老太太一天到晚念南無阿彌陀佛，念得很誠懇，他的兒子卻覺得媽媽一天到晚念「阿彌陀佛、阿彌陀佛」的，聽得真煩。有一天，老太太正在念阿彌陀佛，這個兒子喊：「媽！」老太太問：「做什麼？」兒子不說話。老太太「阿彌陀佛、阿彌陀佛」又念了起來，念得很起勁，兒子又喊：「媽！媽！」老太太說：「做什麼？」兒子又不說話。老太太有點不高興了，不過還是繼續念「阿彌陀佛、阿彌陀佛……」，兒子又喊：「媽！媽！媽！」這個老太太生氣的說道：「討厭，我在念佛，你吵什麼！」兒子說：「媽媽，你看，我是你兒子，不過叫了三次，你就覺得煩，那你不停的叫阿彌陀佛，阿彌陀佛不是煩死了嗎？」

事實上，佛怎麼會覺得世人煩呢？大乘境界的佛菩薩已經了斷一切煩惱，他們唯一的職責和目標，就是救度世人脫離塵世苦海。何況比如阿彌陀佛有無量的壽命，我們自以為每日千次萬次的念佛已經很多，但對阿彌陀佛來說，不過是彈指一剎那，又怎麼會覺得不耐煩呢？

爲什麼信仰阿彌陀佛，是求得解脫最方便、最容易的法門？

　　佛教修行有那麼多的派別和法門，可以修禪宗，可以修戒律，可以修天臺，可以修法華；大千世界有那麼多的佛和大菩薩，可以信文殊，可以信普賢，可以信地藏，可以信藥師。阿彌陀佛和修行阿彌陀佛的念佛法門，爲何被形容爲最最方便的殊勝法門呢？

▌總教念佛

　　中國唐朝高僧淨土宗四祖五臺竹林法照大師，曾得阿彌陀佛親傳五會念佛法門，是一位戒行精嚴的高僧。據記載，他朝覲五臺山時，親自見到了文殊菩薩，於是頂禮問文殊菩薩：「末代凡夫，去聖遙遠，知識淺劣，不知修行何種法門，最爲其要？唯願大聖，斷我疑網。」意思是說，我們時逢末法的凡夫，離開佛的正教正信時代已經十分遙遠，難以獲得精妙的佛法知識。不知道應該修行什麼法門才最能切中要害？文殊菩薩是有大智慧的人，希望您能解開我的疑惑。

　　文殊菩薩說：「諸修行門，無如念佛。我過去劫中，因念佛故得一切種智，是故一切諸法，般若波羅密多，甚深禪定，乃至諸佛正遍知海，皆從念佛而生，故知念佛諸法之王，汝當念諸法之王。」文殊菩薩回答說，各種修行法門都比不上念佛法門好！在我過去應劫轉世的生涯中，也曾因爲念佛而得到了無上智慧。所以一切得渡眾生至於彼岸的法門修行，乃至於諸佛的一切智慧中的正知正見，都是從念佛而生的。因此你應該知道，念佛是一切法門中的最高者，你當然應該修行念佛法門了。

　　於是法照問菩薩要如何念佛，菩薩言道：「此世界西方有阿彌陀佛，彼佛願力不可思議，汝當憶念，令無間斷，命終決定往生，永不退轉。」也即是說，你應該憶念西方阿彌陀佛的名號，念念相續不斷，如此則命終時必定能夠往生極樂，永不退轉。在這段話裡，文殊菩薩不但叫人念佛，求生西方極樂世界，而且說應該發願往生極樂。

　　唐朝慈愍三藏慧日禪師在唐睿宗年間來到西域求法，到北印度健馱羅國參訪時，特別往城東大山，在觀音菩薩聖像前，斷食七日，至誠祈禱，請菩薩開示修行法門。在他的誠心感召之下，觀音菩薩坐在七寶蓮華上，出現於空中，身高丈餘，垂下右手撫摩禪師的頭頂而言道：「汝欲傳法，自利利他，應當念佛，誦經迴向，發願往生西方淨土極樂世界，阿彌陀佛

國。到彼國已，見佛及我，得大利益，汝自當知淨土法門，勝過諸行。」意思就是：你若是想要自利利人弘揚佛法，就應該修行念佛法門，誦經迴向，然後往生西方世界。到了西方世界就能見到阿彌陀佛和觀音菩薩，利益殊勝。念佛法門實在是勝過一切其他修行法門啊！

回到長安之後，慧日大師歸信淨土，勤加修習，並且弘揚所證之法門，記述傳承之教法，且宣導禪、淨、律三者之共修。慧日大師所傳淨土教之流派被稱為慈愍流，與慧遠流（廬山流）、善導流，共為中國淨土教之三派。

▋ 方便解脫

在佛教修行解脫的無量法門中，之所以說念佛法門，最為方便，有如下原因：

一、見佛方便：在我們身處的娑婆世界，釋迦牟尼佛早已入滅，而未來佛彌勒菩薩還沒有下生，現在我們生在無佛之世，沒有機會見佛聞法；但阿彌陀佛現在正在極樂世界說法，但得往生彼國，立即可以見佛聞法。

二、受持方便：其他法門有些有條件限制，必須時處許可，面對佛前，才可以禮拜誦念；又或在清淨寂靜的環境中，安頓身心，然後可以修習禪定。但念佛法門，行住坐臥，忙碌安閒，迎賓送客，辦公做事，甚至舟車勞動，都可以心念佛號，非常方便。何況念佛法門具諸功德，但念一句彌陀，就得總攝六度萬行。例如：一心念佛，萬緣俱捨，就是佈施；一心念佛，不作惡業，就是持戒；一心念佛，心自柔和，不瞋不暴，就是忍辱；一心念佛，淨念相繼，永不退墮，就是精進；一心念佛，妄念不起，就是禪定；一心念佛，正念分明，就是般若。修一行，即具足眾行，在受持方面是非常方便的。

三、解脫方便：修持其他法門，必須斷盡見思煩惱，業障消除，才可以解脫生死，超出輪迴；念佛法門，但能專心精進念佛，即蒙阿彌陀佛慈悲攝受，帶業往生；一生彼國，即橫出三界，超越輪迴，解脫生死。

四、成道方便：佛道遙遠，非一生一世可能成就，特別是在娑婆世界修行，進難退易，必須經歷三大阿僧祇劫，勤苦修持，方證菩提；念佛法門，仰仗阿彌陀佛慈悲願力，往生彼國，見佛聞法，可以迅速成就，證得菩提。

一聲「阿彌陀佛」，
爲何要分四種念法？

修習淨土，都說念佛念佛，究竟我們應該如何念佛才正確呢？以什麼樣的音量、什麼樣的語氣、什麼樣的心態來念出這句「南無阿彌陀佛」呢？

首先，根據念佛時音量的大小和嘴唇的動作，可以把念佛分爲四種：

一、**大聲念**：高聲念佛，如喊如叫，聲震四周。比較適合在無人時或在空曠處念。

二、**小聲念**：聲音不大，但周圍人能聽見。適合念佛群體共同念誦，或是平時做功課時念誦。

三、**金剛念**：唇齒相咬，動口，但聲音極小或沒有聲音。念佛速度極快，適合發心念佛每日數千次至於上萬次的，且不傷喉嚨，比較能夠做到專注、一心不亂。也適合在公共場所，或行、住、坐、臥時隨心隨時而念。

四、**默念**：在心中念佛，不用有嘴唇動作和發出聲音，但心中應有字字分明之感。適合疲倦、病痛或正在處理其他事情時，甚至可以在夢中默念。但相對來說，默念容易散漫，易陷入「自以爲在念佛，其實卻在胡思亂想」的情景當中。

對於念佛的方法，有人說，念得越大聲越有功德；也有人說，金剛念最爲殊勝。事實上，無論何種念法，念的都是阿彌陀佛名號，發的都是菩提心，存的都是往生之念，從功德上來講，每種念法都是一樣的。

其次，從念佛的方式來說，也可以分爲四種：一、持名念佛；二、觀像念佛；三、觀想念佛；四、實相念佛。

一、**持名念佛**：就是普通的稱誦佛名，但求一念不亂，念念相繼。

二、**觀像念佛**：在佛的畫像或塑像前，一面觀佛，一面念佛，心思集中之後，佛像便如眞佛無異。

三、**觀想念佛**：一面念佛，一面在腦海中假想佛的形象。也可先反覆觀看佛像，留下深刻印象後到靜處念佛，閉上雙眼，佛的形象自然出現眼前。

四、**實相念佛**：又名法身觀佛，一面念佛，一面觀想的不是佛的報身或化身，而是萬佛道同的清淨法身，亦即是無形卻是一切萬法眞實自性的體現的佛法眞諦。一切法本無自性，觀想超越生、滅、空、有等觀念，

舉起鋤頭開淨土　無盡莊嚴頓現人間
寶樹琪花山後前　如來家業須彌勒都
立雙肩兩唱農禪　普與恆沙結勝緣
　調寄采桑子　拳錄　福建連城縣
性海寺方丈　慧瑛和尚　諸上善人慧鑒
丁卯仲夏　趙樸初　時年八十

離言說相，離名字相，離心等相，而專念真實自性本淨的真佛。這是心、佛、眾生三無差別的念佛法，也是最為艱深的念佛法門。

以上四種法門各有玄機奧妙，適合於不同根器、不同智慧的修行者選擇。有人認為「持名念佛是方便，實相念佛才是究竟」，不過，依善導大師的教釋，「持名念佛」是淨土宗的根本行法，同時也是最殊勝的行法。印光大師就說過說：「於持名識其當體實相，則其益宏深。外持名而專修實相，萬中亦難得一二實證者。」因此，一心念「南無阿彌陀佛」，當下就是實相，而且是圓滿實相。

最後，根據念佛時心緒的不同，也可分為四種。這四種念法都是很好的法門，容易感應，也比較容易成就，即欣厭念、勇猛念、悲憶念和攝心念四種。簡單地說，欣厭念就是念佛時要有意識地加以取捨，修行淨土法門，厭離娑婆，令生欣求極樂之心，發願往生。勇猛念是對治修行中自己感覺到習氣厚重、念力無法提起時，更加要勇猛用力，精進念佛。悲憶念就是念誦時，悲憶不止，憶佛念佛，久之自然心開。

第四種攝心念，是印光大師等淨土祖師所推崇的念佛要道。攝行念佛首先要心意至誠，專注在念佛上。如果做不到心念不亂，可以收攝耳根來認真諦聽，不管是出聲念佛，還是默念，都應該念從心中升起，聲從嘴裡發出，音以耳朵攝取。這樣來攝心，妄念自然熄滅，六根同歸寂靜，如同《楞嚴經》所說的「都攝六根，淨念相繼」。

印光大師教導用十念記數，也就是念佛時，從一句到十句，要念誦得分明，也需要記數分明。到十句念完之後，又需要從第一句到第十句來念，隨念隨記，不用念珠掐算記數。要念得清楚，記得清楚，聽得清楚，讓妄念沒有機會和縫隙產生，一心不亂，久之則得法。

時任中國佛教協會會長趙樸初居士贈福建性海寺住持慧瑛法師的題字，其中提倡禪淨雙修。

往生西方淨土後，佛根據你 的品位決定要不要見你？

根據《觀無量壽經》記載，無論僧俗、凡愚、善惡、修持深淺、慧根有無，往生品位總括爲九品，稱爲「九品往生」。

由於往生有九種差別，因此，往生到達的淨土也有九種，稱爲「九品淨土」，或稱「九品淨刹」、「九品安養」。迎接往生者的蓮花臺也有九種，叫做「九品蓮臺」。來迎的阿彌陀佛也有九種，稱爲「九品彌陀」。所結之手印也有九種，叫做「九品印」。往生者所修的淨行也分爲九種，叫做「九品行業」。阿彌陀佛更因此而號稱爲「九品覺王」。

根據《佛說觀無量壽經》，佛爲韋提希夫人描述西方淨土景象和九品往生之具體內容，分爲如下九類：

一、**上品上生者**：上品上生者行業清淨，因此「發三種心，即便往生」。三種心分別是：「一者至誠心，二者深心，三者迴向發願心。」此外還要做三種功德，「一日乃至七日，即得往生」，分別是：「一者慈心不殺，具諸戒行；二者讀誦大乘方等經典；三者修行六念，迴向發願，願生彼國。」由於上品上生者修行精進勇猛，因此將要去世的時候，能得阿彌陀佛與觀世音菩薩、大勢至菩薩以及諸菩薩，授手迎接。觀世音菩薩執金剛臺，往生者得以乘金剛臺跟隨在阿彌陀佛之後，彈指間就往生到西方淨土。聞諸佛說法，悟無生法忍，並在諸佛前，次第授記將來成佛。

二、**上品中生者**：上品中生者「不必受持讀誦方等經典」，而是有對於佛法第一義諦的深刻理解，深信因果，不誹謗大乘教義，發願往生西方淨土。將要去世的時候，阿彌陀佛與觀世音菩薩、大勢至菩薩、無量大眾，持紫金臺，授手接引。往生者乘坐紫金臺，一念之間即往生到西方極樂世界的七寶池中。七日之後，就證得阿耨多羅三藐三菩提，即無上正知正等正覺，並且得不退轉。經一小劫後，得無生法忍而被授記作佛。

三、**上品下生者**：上品下生者也是相信因果，不誹謗大乘教義，發願往生西方淨土。將要去世的時候，阿彌陀佛及觀世音菩薩、大勢至菩薩與諸菩薩，持金蓮華，化作五百佛，來迎此人。五百化佛，授手相迎。往生者乘坐金色蓮花，即得往生西方極樂世界七寶池中。二十一日後，方明瞭眾相好，並且在諸佛面前聽聞甚深佛法。如此修行三小劫後，得住歡喜地，證菩薩果。

四、**中品上生者**：中品上生者「受持五戒，持八戒齋」，嚴持各種戒

左

這尊無量壽佛造像是四川省現存紀年最早的佛教造像，有「（南）齊永明元年（西元 483 年）歲次癸亥七月十五日」紀年題記。此青砂石造像於西元 1921 年在茂縣出土，後來被盜賣者打碎，追回後現存四塊殘石，拼對後可知原石四面共有十五尊造像和五處題記，主像為無量壽佛說法坐像（正面）、立像（背面）。此造像石是四川早期佛教石刻的代表作品之一，也表明從大西北到成都的佛教傳播通道是存在的，亦可證明鳩摩羅什所譯《阿彌陀經》已經在四川一帶廣泛傳播。

內蒙古呼和浩特席力圖召（延壽寺）雙耳白塔，塔內佛龕裡供奉著長壽佛（無量壽佛）。在中國文化中，福祿壽禧是大吉利語，健康長壽也是人生的重要追求之一。阿彌陀佛又稱無量壽佛，其壽命無量，其國土眾生也壽命無量，往生淨土即可長生不老。

行，不造五逆重罪，並發願往生西方淨土。將要去世的時候，阿彌陀佛與諸比丘、眷屬圍繞，往生者坐蓮花臺，往生西方極樂世界，即得阿羅漢道，具八解脫。

五、中品中生者：中品中生者如果能夠若一日一夜奉持八關戒齋，再一日一夜奉持沙彌戒，又有一日一夜奉持具足戒，並且發願往生西方淨土。將要去世的時候，能見到阿彌陀佛和諸眷屬，持七寶蓮花，來到面前。往生者坐在蓮花上，往生到西方極樂世界。七日後蓮花開放，往生者聞法歡喜，得須陀洹果。如此在西方淨土修行半劫之後，證得阿羅漢果。

六、中品下生者：如果有善男子善女人，對父母非常孝順，而且為人處世仁義慈悲，將要去世的時候，遇上善知識，告訴他阿彌陀佛所在的

小遊客從廣東省肇慶鼎湖山慶雲寺的摩崖石刻「南無阿彌陀佛」下經過。正是經過淨土信眾以石刻等多種方式廣泛傳播，如今很多小孩都會念一聲「阿彌陀佛」，至少在孩子們的心靈中種下一念善根。釋迦牟尼說，當佛法在此世界消失後，唯此「阿彌陀佛」聖號還在此界多流傳五百年。

西方極樂世界的情況和法藏比丘所發四十八願，聽聞之後，立刻命終，就迅速往生西方極樂世界。經過七日以後，遇到觀世音菩薩和大勢至菩薩，聽聞正法而得須陀洹果。如此修行經過一小劫，證得阿羅漢果。

七、下品上生者：有的眾生造作了很多惡業，雖然沒有誹謗佛教的大乘經典，但是對自己所造的惡業並沒有慚愧懺悔之心，將要去世的時候，如果遇到了善知識，和他講說大乘十二部經首題名字，由於聽聞了這些經的名字，而消除了千劫以來的極重惡業。善知識還教給他合掌稱念「南無阿彌陀佛」，消除五十億劫以來的生死重罪。這個時候，阿彌陀佛即刻遣化佛、化觀世音菩薩與化大勢至菩薩，來到往生者面前。往生者乘坐寶蓮花，隨化佛後，往生西方極樂世界的寶池中。四十九日之後，蓮花開放，聽聞大悲觀世音菩薩及大勢至菩薩說法。如此修行十小劫後，證得初地菩薩的果位。

八、下品中生者：如果有惡人曾經做出了毀犯五戒、八戒和具足戒的惡業，並且對自己的行為並不感到慚愧，因為他所犯的惡業，事後應該墮入地獄，但他將要去世的時候，如果能夠遇到善知識，為他講說阿彌陀佛十力威德，讚揚阿彌陀佛的光明神力和戒、定、慧、解脫、解脫知見這五分法身，即可滅除此人八十億劫生死之罪。化佛菩薩迎接此人，往生西方極樂世界七寶池中蓮花裡面。六劫之後，蓮花開放，觀世音菩薩和大勢至菩薩為他說法，此人聞法之後，立刻發無上道心。

左
山西省平遙雙林寺的自在觀音像，其造型、用色、線條等方面皆獨具特色，一改造像陳規，右腿曲蹲，左腳輕踏荷葉，重心落在左胯，右手微抬微翹，左手為支撐點，無拘無束，隨意閒適，自由自在，出色地勾勒出觀音流暢的線條和優美的身段，卻絲毫沒有造作彆扭之感。

右
據《開元釋教錄》記載，東漢末年（約西元二世紀）的安世高曾翻譯出《佛說無量壽經》兩卷（惜乎已佚），支婁迦讖於東漢靈帝光和二年（西元179年）譯出《佛說般舟三昧經》，繼而又譯出《佛說無量清淨平等覺經》。這三部經典都是講阿彌陀佛信仰的，也就是說，淨土宗經典在西元二世紀時已開始在中國翻譯傳播了。這尊現藏於美國芝加哥自然博物館的宋代（西元十二世紀）青銅鍍金佛像，造型依據西元二世紀時的中國檀木佛像而作，跟同一時期的印度佛像非常相似。佛右手施無畏印，左手施與願印。檀木木質堅硬不壞不朽，香氣芬芳長久，色彩絢麗多變，又吉祥避邪，所以常用來製作佛像、供香、念珠等。

九、**下品下生者**：如果有惡人造作了不善業，甚至五逆十惡這樣的重業，因為他所犯的惡業，死後應該墮入惡道，經歷多劫，受苦無窮。將要去世的時候，如果能夠遇到善知識，為他講說妙法，教他念佛，這樣至誠念佛，具足十念稱南無阿彌陀佛，因為稱念佛名的緣故，在念念之中，除滅了八十億劫生死之罪。壽命終了時，往生者看見金蓮花來到面前，而得以往生西方極樂世界。滿十二大劫之後，蓮花開放，觀世音菩薩和大勢至菩薩為他說法，此人聞法之後，立時即發菩提之心。

在九品往生之外，還有一種邊地往生。若是念佛卻心存疑惑，不能正信佛法正信極樂的人，將會往生於極樂淨土的邊陲之地，藏於蓮花之中不得自由行走。由於此類修行者以疑惑心念佛生到西方淨土界邊七寶城中，又被稱為疑城往生。蓮花不得開放，而熏化於極樂淨土的佛法音風之中，直到五百年後才得以重見天日，化為極樂世界的正式一員。其中也有不滿五百年即從蓮花中出來的，都是其中上根之人。

阿彌陀佛的信仰
是什麼時代傳入中國的？

佛教傳入中國的時間，有許多不同的說法和傳說，較被人採納的記載是西漢哀帝元年，即西元前二年從西域傳入中國，迄今已有兩千多年的時間。

東漢時期，大乘佛教的要義在中國傳遍開來，成為中國本土道教以及正統的儒家思想之外，最為重要的文化形態。有關於阿彌陀佛的信仰，也正是在這一時代傳入了中國。

根據考證，關於阿彌陀佛最早的經典，是支謙所譯的《大阿彌陀經》。此經共兩卷，現收於大正藏第十二冊中，內題為《佛說諸佛阿彌陀三耶三佛薩樓佛檀過度人道經》。之所以稱為「大」，是因為後秦時期的鳩摩羅什也從同一個印度底本將此經翻譯了一遍，稱為《佛說阿彌陀經》。此外，支謙還翻譯了《無量清淨平等覺經》。事實上，支謙所翻譯的《阿彌陀經》是後來的淨土宗經典之一《無量壽經》的異譯本。阿彌陀佛的四十八願中，《大阿彌陀經》與《無量清淨平等覺經》都僅僅說了其中的二十四願，所以同被稱為《二十四願經》。

 佛法小常識

支謙

字恭明，一名越，祖先原本是月支人，漢靈帝時，攜家帶眷歸化中國，是三國時著名的佛經翻譯家。他從小就受到漢族文化的影響，不但精通漢文，還掌握了六國語言。後來支謙受業於同族學者支亮，支亮是支婁迦讖的門人，當時有「天下博知，不出三支」的說法。支謙師出名門，學問根基深厚，精通梵典，通達大乘佛教理論。漢獻帝末年，洛陽一帶發生兵亂，支謙隨族人避亂南渡到東吳。吳主孫權因為支謙博學多才，學識出眾，任命他為博士，輔導太子。後來太子去世，支謙就去穹隆山過起了隱居生活，據說六十歲的時候在山中故去。支謙在西元 223 至 252 年間，譯出了《大阿彌陀經》、《維摩詰經》等大乘經典。

關於信仰阿彌陀佛
最正宗的經典有哪些？

關於信仰阿彌陀佛最正宗的經典，就是淨土宗所奉行的「三經一論」了。「三經」是《無量壽經》、《觀無量壽經》和《阿彌陀經》；「一論」是指佛陀入滅後，世親菩薩所作的《往生論》。

其中，《阿彌陀經》簡稱《小經》，現在通行的譯本是姚秦三藏法師鳩摩羅什所翻譯的《佛說阿彌陀經》，主要描述阿彌陀佛和西方淨土種種莊嚴的事相，並說明發願往生的意義。這部經的經文較短，容易誦讀，被奉爲淨土宗修行者必誦之經。

《無量壽經》簡稱《大經》，《無量壽經》是淨土群經綱要，東來最早，譯本也最多。從漢代到宋代，一共有十二種譯本，現在僅存五種譯本，最常見的是曹魏時期佛經翻譯家康僧鎧所翻譯的《無量壽經》兩卷。由於譯本較多，宋代有王龍舒居士、清朝有魏源居士做了會集本；近代流行較廣的本子是夏蓮居居士的會集本，他還分了章次，將全經總共分爲四十八品。本經詳細講述了阿彌陀佛作爲法藏比丘時所發的四十八願，並說明三輩往生的條件。

近代禪宗大師虛雲法師（1840~1959）手書《金剛經》文句「應無所住」。黃念祖居士（1912~1992）曾說：「以凡夫生滅心，入諸法實相，唯念佛最爲容易。」念佛時，心中只是一句佛號，沒有任何其他雜念，就是至心。若能達到至心，每一念中都具有無邊的一切功德，念佛時刻自然達到《金剛經》「應無所住而生其心」的妙諦。萬緣放下，一切污染都沒有了，這是「無所住」；自心中一句體具萬德的佛號，歷歷孤明，相續不斷，這是「生其心」。老實綿密念佛，自然暗合道妙，巧入無生，從事持達理持，即凡心成佛心。

《觀無量壽經》又叫《佛說觀無量壽經》，簡稱《觀經》，通行的譯本是南朝劉宋三藏法師畺良耶舍譯本一卷。本經主要通過韋提希夫人的請求，佛向其說明想要往生西方極樂國土的眾生所必修的淨業正因，並以十六觀法諦觀阿彌陀佛的身相及極樂淨土相，並解釋九品往生的因果。

《往生論》由北魏的菩提流支翻譯為漢文，論的內容主要在說明修習淨土的具體方法，如修行「五念門」就可得到種種成就，令眾生得以往生極樂淨土，面見阿彌陀佛。淨土高僧曇鸞曾作《往生論注》。

 佛法小常識

什麼是經、律、論？

一切佛法都是由經、律、論三個部分組成。其中，「經」是指釋迦牟尼佛親口宣示的佛法；「律」是指由佛所制訂，後人加以豐富和整理的戒律；「論」則是各聲聞菩薩所作的，是解釋佛經、闡發教義的論文。合經、律、論三者，即為「三藏」。傳說在佛入滅後，大迦葉尊者率領五百證果羅漢在七葉窟結集三藏。阿難尊者將佛一生所說的法，記錄成為經藏。優波離尊者將佛所規定的戒律，整頓成為律藏。大迦葉尊者將佛弟子讀經研律的心得，收集成為論藏。

是誰翻譯阿彌陀佛的故事
並廣爲流傳？

《無量壽經》、《觀無量壽經》、《阿彌陀經》、《往生論》的譯者分別是：

經名	時代	譯者
《無量壽經》	曹魏	康僧鎧
《觀無量壽經》	劉宋	畺良耶舍
《阿彌陀經》	前秦	鳩摩羅什
《往生論》	北魏	菩提流支

康僧鎧：音譯爲僧伽跋摩，三國時代譯經僧，來自西域康居的沙門。康僧鎧在曹魏嘉平末年來到洛陽，在白馬寺譯出《郁伽長者經》兩卷、《四分雜羯磨》一卷，以及《無量壽經》兩卷等。其翻譯的《無量壽經》在流傳至今的各譯本中，影響最大。

畺良耶舍：西元 383~442 年，劉宋時代譯經家，西域人。劉宋文帝元嘉元年（西元 424 年）從西域來到建業（今南京），居住在鐘山的道林精舍，譯出《觀無量壽佛經》、《觀藥王藥上二菩薩經》等經典。元嘉十九年西遊四川，弘道說法，門徒群聚。後來回到南方江陵，不久入寂，享年六十。

鳩摩羅什：西元 344~413 年（一說西元 350~409 年），略稱羅什、什。鳩摩羅什是中國四大譯經家之一，東晉龜茲國（今新疆疏勒）人。他的父母都是虔誠的佛教徒，羅什七歲從母皈依，從小就展現過人的天賦。他曾遊學印度，參訪名師，博聞強記，少年成名，震驚天下。後來回到故國，成爲龜茲國國師。五代十國時期，前秦國主苻堅聽說了鳩摩羅什的名聲，於是派了大將呂光出兵去搶奪這位國寶級的人物。呂光搶到了羅什，然而在歸國途中傳來了苻堅被人殺死國滅的消息，於是呂光在河西自立爲王，羅什不得已在涼州羈留了十多年。後來後秦的姚興攻破呂氏，又將羅什迎到了長安。當時是東晉隆安五年，即西元 401 年，姚興將鳩摩羅什尊爲國師，專門建造了一座名叫「逍遙園」的精舍給他居住，鳩摩羅什與弟子與僧肇、僧嚴等就在園中從事譯經工作。

後秦弘始五年（西元 403 年）四月起，羅什先後譯出《中論》、《百

中國首都博物館藏清代赤金嵌寶石舍利無量壽佛。此造像是當時清朝宮廷製作的精品，構思巧妙，工藝上乘，材料極其名貴，藏傳佛教式無量壽佛像被奉置於一秤砣形盒內，栩栩如生。

論》、《十二門論》（以上合稱三論）、《般若經》、《法華經》、《大智度論》、《阿彌陀經》、《維摩經》、《十誦律》等經論，有系統地介紹了龍樹中觀學派的大乘佛法學說。自佛教傳入中國以來，漢譯佛經雖然數量龐雜，但品質並不高超，很多經典失去了原有的精要，而更多的譯本文辭滯塞，難以理解。羅什通曉多種外國語言，漢語水準更是出類拔萃，他所譯出的經典內容準確，文字曉暢優美，很多經典自他譯出之後才得以風行，成為中國歷史上最為傳奇也是最為重要的一位譯經大師，對中國佛教的發展有很大的影響。中國佛教宗派中的三輪宗、天臺宗、淨土宗、律宗等宗派，都肇始於羅什所譯出的經典；而成實學派、彌勒信仰、菩薩禪、大乘戒等重要思想，也都起源於鳩摩羅什的工作成果。

鳩摩羅什在譯經之餘，更是廣授門徒。僧肇、道生、道融、僧睿、曇影、僧導等，一個個在中國歷史上光彩熠熠的名字，都是出自羅什門下。在逍遙園譯經十二年後，羅什入寂，時為晉義熙九年，享年七十。

菩提流支：北魏僧人，北天竺人。又作菩提留支，意譯為道希。菩提流支是為大乘瑜伽系的著名學者，遍通三藏，精通咒術。北魏宣武帝永平元年（西元 508 年），菩提流支來到洛陽，在永寧寺翻譯佛經，譯有《十地經論》、《金剛般若經》、《佛名經》、《法集經》、《深密解脫經》，以及《大寶積經論》、《法華經論》、《無量壽經論》、《往生論》等，凡三十九部一百二十七卷。

北京雍和宮永佑殿殿內供奉木雕鍍金佛像三尊，中為無量壽佛（阿彌陀佛），左側為獅吼佛，右側為藥師佛，圖為其中的無量壽佛像。雍和宮是清朝皇家寺院，也是中國內地最大的藏傳佛教寺院，只看此像繁華的背光，即可知造像之精工富麗。

什麼是淨土宗？

佛法包容廣大，源流悠長，奧義深博，哲思豐厚，所以，佛教傳入中國之後，逐漸形成了具有中國本土特色的宗派。每一個宗派都對佛法的某個方面進行強調，在儀式、修行等方面擁有自己獨特的法門。

隋唐以後，中國佛教的宗派逐漸趨向於清晰分明，出現了「八宗」的劃分。這也是漢傳佛教中影響深遠的宗派，包括：三論宗、律宗、禪宗、天臺宗、華嚴宗、法相宗、密宗和淨土宗。

作為八宗之一的淨土宗，又稱念佛宗，是以往生阿彌陀佛的極樂淨土為目的之宗派。淨土思想源於印度，在大乘佛教興起之後，由本生故事中演化出來的本願思想，成為了淨土思想的先聲。在佛陀入滅後約九百年，印度世親菩薩造《往生論》，以《無量壽經》、《觀無量壽經》和《阿彌陀經》為依據，並在馬鳴、龍樹等菩薩護持之下，開始弘傳淨土要義。彌陀類經典在後漢時期傳入漢地，彌陀信仰流傳開來。北魏永平元年（西元 508 年），菩提流支來到中國，授曇鸞《觀無量壽經》，並翻譯了《往生論》，為淨土立宗打下了基礎。

淨土宗的主要經典

除了三經一論之外，淨土宗的主要經典還有支謙所譯的《慧印三昧經》、《無量門微密持經》，竺法護所譯的《德光太子經》、《決定總持經》、《阿彌陀佛偈》，鳩摩羅什所譯的《十住毗婆沙論》，北涼曇無讖所譯的《悲華經》十卷，劉宋寶雲譯出的《新無量壽經》兩卷等等。在這些經典中，阿彌陀佛所在的西方極樂淨土的情況，阿彌陀佛以願力造淨土的因緣、求得往生淨土的法門，以及極樂淨土的觀音、勢至二菩薩之行跡等等，都俱足完備。

淨土宗的早期發展

北魏宣武帝時，菩提流支譯出世親菩薩所著的《無量壽經優婆提舍願生偈》，他的弟子曇鸞為之注解，著《往生論注》，同時也專研龍樹菩薩的《十住毗婆沙論》，提出了成佛有難、易二道和他力、自力之別，認為在我們現今的五濁惡世中，我們應當依靠他力本願為方便易行之道，求生淨土，再修佛果。這便是之後流傳千年的淨土法門的最大要義。同時，曇鸞提出修持淨土的具體方法，那便是專重「持名念佛」，即持誦阿彌陀佛佛

號的簡單法門，在修持不輟下就能成功往生淨土。

之後，唐朝的道綽、善導等大師繼承了曇鸞的學說，竭力強調阿彌陀佛的大願之力。由於當時已屬末法時期，依靠修行者自身的力量和根器已經難成佛果，而依靠阿彌陀佛的願力往生淨土才是最恰當、最符合時勢的法門。道綽著有《安樂集》，集中詳細論述了他的這些見解，並且根據曇鸞所說修持的「難易二道」，設定了「聖道門」和「淨土門」的判教理論。善導撰寫了《觀無量壽佛經疏》，著重具體修持方面的內容，為修淨土者釐定了「正行」（即念佛）和「雜行」（即其他佛教修持）的分野，為淨土宗的流傳和風行奠定了基礎。再以後，懷感著《釋淨土群疑論》，與弟子少康以實際行動弘揚淨土宗派。

曇鸞、道綽、善導、懷感和少康，被稱為淨土宗的「震旦五祖」。震旦，就是古代中國的名稱。這五位大師就是中國淨土宗實際上的五位開創者和奠基人。

▋淨土宗的後期發展

在所有的淨土修法中，最初流傳的主要是彌勒淨土和彌陀淨土兩種。然而，彌勒淨土在唐代玄奘、窺基之後逐漸衰落，之後，淨土法門便主要是指對於阿彌陀佛極樂淨土的嚮往和修持，彌陀淨土成為諸佛淨土的代表，因此認為淨土宗是具有淨土信仰的宗派是不確切的。淨土在中國真正成為一個宗派，是在隋唐時，彌陀淨土成為淨土信仰的主流之後而得到進一步發展。

　　唐朝以後，慧日大師提出了禪淨雙修的主張，此後這兩種修法，禪宗和淨土宗這兩個宗派也就成為中國最主要和延續至今的宗派。五代時期的永明延壽，元明時期的楚山紹琦、空谷景隆、一元宗本、雲棲袾宏、憨山德清、鼓山元賢等佛教大師，都是禪淨合行的積極宣導者。雲棲袾宏大師更是精修念佛三昧，注解《阿彌陀經》，大力推行淨土宗的發展。天臺宗的靈峰智旭等大師，則宣導「三學一源論」，提出了「禪」、「教」、「律」三學最終皆流歸到淨土法門。清代的淨土信仰多由居士提倡，彭紹升、彭希涑父子編撰了《往生傳》等弘揚淨土的書籍。民國初年，楊仁山居士和印光法師大力弘揚淨土，致力於社會慈善事業，在廣闊神州土地上興起一股結社念佛的風潮。此外，唐朝時期日本派學僧入唐學法，最早將淨土信仰帶入日本的是「入唐八家」之一的學僧最澄，淨土宗的要義因此遠渡重洋，傳入日本，並發展成為日本十三宗中的重要一宗。

佛法小常識

宗

宗教宗教，「教」為大義，「宗」為門戶。在同一「教」的大範疇下，凡是具體教義、宗教儀式、宗教行為等元素盡皆相同的，即屬於同一「宗」，或說宗派、宗門、宗旨。

佛陀在世時，佛教僧尼團體被稱為「僧伽」，是當時佛教內的唯一教團，並不存在「宗」的分別。然而佛陀入滅後數百年間，教義和修行上爭議迭起，數十個「部派」從而產生，佛教進入了「部派佛教」時期，這是佛教由「原始佛教」向「大乘佛教」發展的橋樑。之後，大乘佛教之內又因為學說的分歧而形成了「中觀」、「瑜伽」等行派。

中國佛教流傳之初，僧人或居士可能長於某種經典，傾向於某種行法，卻未必屬於某個特定的教派。雖有「空宗」、「有宗」等稱呼，卻是學術意義重於門戶意義。直到隋唐以後，各種教派的教義被明確地規定下來，祖師的傳承和門戶的皈依受到重視，「宗派」才成為了中國佛教發展歷史上的一個重要範疇。此外，根據流傳路線之不同，佛教還分為了漢傳、藏傳、南傳等不同分野，雖不稱為「宗派」，卻是當今佛教的三大主流。

曇鸞

南北朝時代淨土宗高僧，雁門（今山西代縣）人，一說並州汶水（今山西太原）人，姓氏不詳。

曇鸞原居住於五臺山附近地區，因為幼年常聞神跡靈異之事，十餘歲即登山出家。傳說他苦讀諸經，試圖注解，誰料注書未成卻身染沉屙，遍求名醫而束手無策。一日，他忽見天門洞開，疾病頓時痊癒，於是發心遍求長生不死之法。曇鸞遇到了佛教大師菩提流支，聽菩提流支傳授了《觀無量壽經》的道理，於是盡棄仙學，專修淨土。東魏孝靜帝尊稱曇鸞為「神鸞」，賜住在並州大岩寺。後來曇鸞也曾居於汾州玄中寺，時時聚眾講經，弘揚念佛法門，眾人稱他講法之處為「鸞公岩」。

曇鸞是淨土宗思想的奠基者，為後來唐代淨土思想的發展打下了重要基礎。曇鸞著有《往生論注》兩卷，結合印度佛教兩大思潮代表人龍樹和世親的思想，將大乘空宗的思想理論注入淨土教理之中，受到後世的重視。其他著作有《讚阿彌陀佛偈》、《禮淨土十二偈》、《略論安樂淨土義》等。雖然後世南宋宗曉建立淨土祖師說的時候，並沒有將曇鸞列在其中，導致曇鸞對淨土宗的貢獻逐漸淹沒。不過，十二世紀末，日本僧人源空建立日本淨土宗時，以曇鸞為日本淨土宗五祖之初祖，後來源空的弟子建立淨土真宗，又尊曇鸞為真宗七祖之第三祖，列在世親和龍樹之後，可見對其在淨土宗歷史上地位的推崇與認可。

淨土宗爲何又稱爲「蓮宗」？

淨土宗有個很好聽的別名，叫作「蓮宗」。

蓮花在中國人的眼中，具有「出淤泥而不染」的特徵。佛菩薩等居於穢國卻能生清淨、出離之心，蓮花正是映襯諸佛菩薩的最佳象徵。所以，諸佛菩薩都以蓮花爲自己結跏趺坐的基座，稱爲「蓮臺」或是「華座」。據說蓮花具有四種美德，所謂軟、淨、香、廣，坐於蓮花之上不僅能配襯佛菩薩的清淨莊嚴，還能顯示他們不依床凳而坐的妙法神通。

蓮臺或蓮花座有時泛指諸佛菩薩通用的臺座，但有時則特指爲阿彌陀佛所坐之處。根據《無量壽經》等經典的描述，往生極樂淨土的眾生化生於蓮花之中，「花開見佛」的說法也由此而來。濁土修佛者臨終往生，若能投生淨土，也是由阿彌陀佛與觀音、勢至兩位菩薩親持蓮臺來迎，所以，西方極樂淨土也被稱爲「蓮邦」或是「蓮剎」。修行淨土期冀往生的淨土宗，也就自然而然地被稱爲「蓮宗」了。

 佛法小常識

蓮花與往生

民間說法，若能日行一善，西方淨土即爲你開出一朵蓮花；若行一惡業，你的蓮花就凋謝一朵。至於臨終，所有屬於你名下的蓮花都會襯托在你的身下，如若這些蓮花能夠抬動你的身軀，則可往生西方；如果你常行惡事，不修福報，屬於你的蓮花數量不夠，不足以將你托起，你就會下墮地獄受苦。這種說法並無佛經依據，然而善惡之間，因果相續，以蓮花勸善抑惡，實在是一種美好而富有行效的譬喻。

內蒙古包頭市博物館藏明朝造無量壽佛銅像，爲藏傳佛教式。在藏傳佛教地區，寺廟的壁畫、唐卡、塑像中常見無量壽佛像，造型多爲菩薩形，頭戴天冠，髮梳高髻，上身袒露，身體呈橘紅色或土紅色，身佩瓔珞、項圈等莊嚴飾物，雙手施禪定印，結跏趺坐於蓮座上，手中托一寶瓶，瓶口生有吉祥花朵，頭微低，表情靜雅肅穆，體態似女性而豐潤端莊。

東晉高僧慧遠法師（西元334~416年），是中國佛教史上重要的大師。他居住在廬山，與劉遺民等結社，在阿彌陀像前立誓，專修淨土之法，以期死後往生西方，因此被後世奉為中國佛教淨土宗之始祖。

　　中國淨土宗與蓮花也有不解之緣，廬山慧遠法師曾於晉安帝元興元年（西元402年），約集信徒劉遺民等名士一百二十三人，在廬山東林寺精舍阿彌陀佛像前立誓，共期往生西方佛國極樂世界。這是佛教史上最早的結社，這一結社的目的就是專修淨土之法，以期往生西方，故後世淨土宗尊慧遠為初祖。當時的名仕謝靈運，因服慧遠，替他在東林寺中開東西兩池，遍種白蓮，慧遠所創之社，因此被稱為「白蓮社」。也由於這個緣故，「蓮宗」、「蓮門」就成為了淨土宗的美稱。

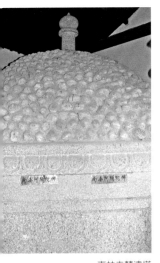

東林寺慧遠塔

東林寺白蓮社

東林寺大雄寶殿

東林寺白蓮池（此頁圖由東林寺提供）

30
盧山慧遠是淨土宗的祖師？

　　慧遠大師對於淨土信仰在中國的弘傳做出了巨大的貢獻，與淨土宗更具有深厚的因緣。

▋慧遠其人

　　慧遠（西元 334~416 年），東晉時著名僧人，二十一歲就從道安法師學習佛法。師事道安雖僅三年，由於勤奮鑽研，學業優異，便在二十四歲時開始講解《般若經》。慧遠曾隨同道安法師等到襄陽弘法。晉孝武帝太元三年（西元 378 年），前秦兵圍襄陽，道安法師為免徒眾遭受戰禍，於是分遣大眾往各地佈教，慧遠也率領弟子數十人南下。西元 381 年，路經潯陽（今江西九江），看見盧山峰林秀麗，正是修行的好處所，於是在盧山定居，建造精舍龍泉寺，領眾清修，弘法濟生。後來在盧山東面重新建立寺院東林寺，作為集眾行道的場所，與長安逍遙園鳩摩羅什譯場，成為南北兩大佛教中心。東林寺也成為中國佛教淨土宗著名的發源地之一。東晉安帝義熙十二年（西元 416 年），慧遠示寂於東林寺，時年八十三歲，僧臘六十三年。

▋慧遠與東林寺

　　晉哀帝興寧三年（西元 365 年），慧遠南遊到今江西九江，在盧山定居下來。其後建立的禪林就在原西林寺東，被稱為東林寺。西林寺、東林寺是盧山北部最早、最主要的兩座寺院。

　　白蓮是佛教淨土的象徵。當年依據《無量壽經》和《阿彌陀經》等經典中所述的淨土蓮池的狀貌，在東林寺前開鑿東西二池，種植白蓮，藉蓮喻心，以蓮結社，取名白蓮社。東林寺的蓮花至今已經有一千六百多年的歷史。慧遠建白蓮社，標誌著中國佛教淨土法門的正式興起，代表了佛教中國化的大勢。自此，盧山東林寺被尊為淨土宗祖庭，慧遠則在宋代建立淨土祖師世系之時被推為中國淨土宗的第一代祖師。

▋慧遠的歷史與學術

　　慧遠傾注了幾乎是畢生的精力，宣導、實踐淨土宗，以及當時流行的各種佛教理論的傳授與修持。慧遠曾在東林寺講經臺公開講授《般若經》、《涅槃經》、《法華經》、《無量壽經》等，終生不輟。在慧遠等人的

提倡下，「淨土」法門在南方開始廣泛流傳，因此可說是慧遠大師掀起了修學彌陀淨土法門，求生極樂世界的風潮，且直接影響著後世無數的學佛者，為淨土一宗奠定了深厚的基石。彌陀淨土之信仰日後得以廣泛地流行，淨土一教得以日益興盛，都是由於慧遠大師之功。

慧遠圓寂於義熙十二年，世壽八十三歲。晉安帝年間，帝室下詔賜號「廬山尊者」、「鴻臚大師」及「白蓮社主」。此後，自晉至宋歷代帝王諡號追薦多達五次，唐宣宗大中二年，諡辯覺大師。南唐升元三年，諡正覺大師。宋太宗太平興國三年，諡圓悟大師。宋孝宗間年，諡等遍正覺圓悟大法師。

為有別於隋代淨影寺之慧遠，後世多稱為「廬山慧遠」。慧遠大師門下弟子多達百餘人，多才多藝者不乏其人，有善應講席者如其弟慧持，有修戒行禪者如法安，有著書立說者如慧觀，撰有《法華宗要序》、《辯宗論》、《論頓悟漸悟義》、《十喻序贊》及諸經序等。

 佛法小常識

東林寺

廬山最著名的寺院就是慧遠所建的東林寺。東林寺背負北香爐峰，旁依瀑布，林木蔥鬱，煙雲出沒，虎溪潺潺環流，清野悅心。

東林寺初建之時共有殿堂、僧舍等二十餘間。隋唐時代，由於淨土宗的風行，殿堂建築擴建達三百餘間，門徒麇集數以千計，藏經及論著數萬卷，盛極一時。目前東林寺內最著名的是神運殿，殿內供奉釋迦、觀音、文殊、普賢等佛像。此外還有十八高賢堂、彌勒殿、護法殿、文殊閣、三笑堂等主要建築景觀。

彌勒淨土也是淨土信仰的一種？

左
中國首都博物館藏清代織錦夾金五佛冠。此冠是在整修妙應寺白塔時所發現的。妙應寺白塔是中國現存年代最早、規模最大的喇嘛塔，建立於元朝時期。藏傳佛教上師修法時戴著象徵五智如來的寶冠：大日如來、金剛薩埵、虛空藏菩薩、諸佛頂尊等所戴之寶冠，皆為五佛冠。寶冠中央有五化佛，用以表示五智圓滿之德。

右
彌勒淨土信仰是中國佛教淨土信仰中的重要一支。圖為大足北山石刻第一七六窟正壁的彌勒佛像，此為北宋時期造像，佛像左手撫膝，右手結定印，結跏坐束腰須彌座蓮臺，座腰有三獅蹲立，三獅間開二淺龕，內有伎樂二身，左者擊拍板，右者吹排簫。彌勒佛背靠龍頭椅，椅背上刻菩提樹裝飾，兩端各有一龍頭。彌勒佛頂上懸七寶蓋，蓋上有大寶樓閣，樓前有孔雀以嘴銜寶蓋，蓋側各有飛天，上身裸露，輕盈飛翔，動姿優美。從七寶蓋中，發出四道毫光，繞至窟頂。彌勒佛左右是著袈裟合十的迦葉和阿難，他們背後有數十人物，雙手作拱揖狀。

往生兜率淨土的信仰曾在印度古代十分盛行，高僧大德發願往生彌勒淨土，並蒙彌勒菩薩度化的記載非常多。彌勒類經典在彌陀類經典傳入之後，也在西晉、後秦時期傳入中國，南北朝時，兩類淨土信仰一併流行，彌勒信仰的影響相對更大一些。當時中國佛教最負盛名的道安大師及其弟子法遇等八人，共同立誓願往生兜率，後寂滅之時，果然有感得彌勒菩薩現身來迎。其後，僧輔、曇戒、道汪、僧印、法盛等眾多佛教大師都效仿道安，彌勒信仰一時風行南北。此外，唐朝時期最著名的佛教高僧玄奘也是彌勒淨土的忠實信奉者，曾經創作了《讚彌勒四禮文》，以宣導兜率往生的信仰。唐代以後，彌陀信仰逐漸成為淨土信仰的主流。彌勒淨土中人間淨土的思想則被禪宗繼承發揚，並成為近代人間佛教的理論依據。

▌道安

　　道安（西元 312~385 年）被視為魏晉南北朝佛教的集大成者，天資聰穎，七歲開始讀儒家經典，十二歲出家。道安曾就學於佛圖澄，起初在太行恆山講經說法，信徒幾乎占河北人口的二分之一，有「中分河北」之說。約在東晉興寧三年（西元 365 年），道安到達襄陽，開始其歷時十五年的襄陽時期，傳法譯經，名動一時。後來道安又來到長安，寫下了《陰持入經注》、《大道地經注》、《大十二門經注》等作品，還編纂了《綜理眾經目錄》，又稱《道安錄》。道安在長安得到了苻堅政府的支持，主持數千人的大道場。所譯經典包含了大乘般若類經和小乘類經，還有戒律類經，共譯出佛經十四部一百八十三卷，約百萬字。東晉太元十年，即秦建元二十一年（西元 385 年），道安無疾而終，圓寂於長安五重寺，時七十四歲。

四川省彭州龍興寺彌勒佛像，為近年所造，仍是典型的大肚彌勒形式。彌勒佛自在坐於蓮臺，一手持念珠，一手握布袋，袒露大肚，怡然大笑。

彌勒菩薩

彌勒是梵文音譯，意為「慈氏」，也是他的姓；其名為阿逸多，意為「無能勝」。據《彌勒上生經》和《彌勒下生經》所說，彌勒為釋迦牟尼的弟子，蒙釋迦授記（預言）將繼承佛位為未來佛，因此，彌勒菩薩是繼釋迦牟尼佛之後成佛的補處菩薩，本師釋迦牟尼佛為是賢劫千佛中的第四尊佛，彌勒菩薩將是本世界成佛的第五尊，因此常稱為「南無當來下生彌勒尊佛」。彌勒修煉成道後先於釋迦圓寂，上生於兜率天做天主，為諸天演說佛法。彌勒佛與釋迦牟尼佛、燃燈佛為豎三世佛。

據佛經中記載，彌勒菩薩現今正在兜率陀天內院為諸天眾說法，於未來五十六億七千萬年後，再下生閻浮提（指地球）於龍華樹下成佛，廣度釋迦佛之遺教弟子，即受釋迦佛教化或與之有緣而未成就之眾生。兜率陀天內院就是兜率淨土，或者稱彌勒淨土。

在密教中也有彌勒菩薩，他是胎藏界曼荼羅中臺九尊之一，位居於大日如來的東北方，在金剛界曼荼羅被認為是賢劫十六尊之一。關於彌勒菩薩的形象有種種異說，中國一般寺廟供奉的笑口常開胖彌勒像的原型是五代時的契此和尚，俗稱布袋和尚。因傳說他是彌勒化身，因此後人按照他的形象來塑像供奉。

由於彌勒菩薩成佛之前居住在兜率天，所以，往生兜率天親聆彌勒教誨成為中國早期佛教史上的重要信仰。

彌勒淨土和西方淨土，
我們該選哪一條路走？

　　自從彌勒淨土信仰和西方淨土信仰傳入中國以來，由於修行方法和往生去處的不同，彼此間存在著一定的區別，而信仰者也往往會做出一定的選擇。道安崇尚彌勒淨土，他的弟子慧遠卻心繫西方淨土；玄奘宣導彌勒淨土，他的弟子同樣也成為西方淨土的忠實追隨者。

▌彌勒淨土與西方淨土的比較

　　唐代高僧道綽之所撰寫的《樂集卷》中，曾經比較過兜率、西方兩處淨土。具體為以下四條：

　　一、兜率天在屬三界之內，縱然往生兜率，修行智慧仍有退轉之虞；往生西方的話，因為西方淨土出離三界，且是無漏的所在，所以往生者的修行永不退轉。

　　二、往生兜率者的人，壽命只有四千歲，命終仍要墮入凡界；往生西方的人，壽命與阿彌陀佛等齊，是算數所不能衡量的壽命。

　　三、兜率天中的水鳥樹林等等是諸天樂師所生的因緣；西方極樂淨土的水鳥樹林則是阿彌陀佛功德願力所化，能演說佛法，為往生者開示。

　　四、就音樂而言，彌陀淨土的音樂勝於世間帝王及六天萬億倍，非兜率所能及。

彌勒淨土信仰一度是中國佛教淨土信仰的主流。圖為山西大同雲岡石窟第十三窟的交腳彌勒大像，此像造於北魏時期（西元五世紀），雕工細膩，鑿造巧妙，著菩薩裝，右腳趺面上有兩顆「黑石」嵌於其中；佛像右手肘與右膝之間立一身四臂力士，四手托其仰掌之肱，造型巧美。整個氛圍既凝重莊嚴又不失靈活精巧，既對主佛像整體有支撐，又以小見大地襯托出主佛雄壯偉岸的胸懷氣勢，力士健碩堅強的體魄與主佛寧靜安詳的意態相得益彰，動靜結合。

「善導流」和「慈愍流」
分別是淨土宗的什麼流派？

中國首都博物館藏明朝時期的藏傳佛教式銅鍍金彌勒菩薩像。釋迦牟尼在衆多弟子中，選擇彌勒作爲候補，授記彌勒將來會下生於龍華樹下並證成佛道，在此娑婆世界廣度衆生。藏傳佛教把彌勒佛（強巴佛）當作未來佛，在寺廟中常有一尊大型彌勒佛像單獨供奉。在密教中，胎藏界、金剛界都供奉彌勒。

淨土宗發展到唐代，逐漸分出了不同的流派，其中最爲重要的就是「善導流」和「慈愍流」，這兩種流派都是由其創始者而得名的。那麼，淨土宗爲何會分出不同流派，這些流派的主要教義又是什麼呢？

▌ 善導流

指唐代淨土宗大師善導（西元 613~681 年）所創立的淨土宗內部的流派。善導流的傳承是由曇鸞→道綽→善導相承而來，依初祖曇鸞之住處，又稱爲「雁門流」。

善導世稱爲「光明大師」，是唐朝專弘淨土法門的一代高僧，被尊爲淨土宗第二代祖師。善導幼年出家，極爲推崇《觀無量壽經》，一心弘傳淨土法門。善導的著述包括《觀無量壽佛經疏》四卷、《往生禮讚偈》一卷、《淨土法事讚》兩卷、《般舟讚》一卷、《觀念法門》一卷，共稱「五部九帖」。十二世紀，日本僧人依《觀無量壽佛經疏》創立日本淨土宗，尊善導爲高祖。善導是淨土宗的集大成者，也是淨土宗的實際創立者，到了善導時期，淨土思想已趨成熟，並且有了自己獨特的教判、教理、教法和儀軌，淨土才眞正可以被稱爲「宗」。

道綽的弟子善導，解決了他之前的諸師所未解的經義，認爲淨土宗所說的「觀經」是以觀念爲主，以迴向願生爲旨，而不是直接教示凡夫往生。他撰著了《觀經四帖疏》，楷定古今，使得道綽時代有所頹勢的淨土教因此而復興。善導的其他著作有《觀念法門》、《往生禮讚》等，主要內容均爲闡發如何「觀經」，如何引導淨土未熟之根機，如何廢除要門而顯示弘願。他最重要的理論思想爲，「觀經」雖以觀佛、念佛爲主，其本意則在於念佛。也是他將「稱名」定爲淨土宗的「正行」，其餘的「讀誦」、「觀察」、「禮拜」、「讚歎供養」定爲「助業」。

▌ 慈愍流

指唐朝慈愍三藏，即慧日法師（西元 680~748 年）所傳的淨土宗流派。慧日曾在睿宗嗣聖十九

年（西元 702 年）參訪西域，求教於諸多碩學大德，在開元七年（西元
719 年）回到長安。他的行蹤遍遊七十餘國，總計十八年。回國之後，他
向當時的皇帝唐玄宗呈獻了從西域帶回來的佛像與經典，被敕賜「慈愍三
藏」之號。慈愍大師平生勤修淨土，弘揚法門，並記述傳承教法，著有
《淨土慈悲集》三卷、《淨土文記》五卷等。

慈愍的主要思想接近於日後大行於世的「禪淨一致」或「禪淨融合」
的主張，鼓勵修行者教、禪、戒、淨四行並修，與善導流只重念佛的思想
有所不同。「念佛禪」這個概念的提出，也正是自慈愍開始。

此外，還有人將慧遠所開創的以念佛和自悟結合的方法，稱為「慧遠
流」，從而與善導流和慈愍流並稱為「淨土教三流」。也有學者將三流所
適合的根器作了區分，淨土三流中，慧遠流適合上層根器的修者，慈愍流
適合中間人群，善導流則適合根器平凡的普羅大眾。

但在淨土三流之中，占主導地位的是善導流。淨土宗成為民眾性的宗
教，其標誌及群眾基礎也正是善導流。

 佛法小常識

善導流的判教

判教，就是將浩如煙海的各種佛法體系和佛陀教導分門別類，列出層
次和高低。淨土的判教體系最早是由曇鸞大師提出了二道二力說，繼
承印度龍樹菩薩的「難易二道判」，以聖道修行為「難行道」，以淨
土法門為「易行道」而設立的。曇鸞祖師指出：難行道之所以難，因
為「唯是自力，無他力持」，完全是自力，沒有佛力，所以才是難行
道；易行道之所以易，是因為佛力的緣故，所以，由「二道判」發展
到了「二力說」。之後，道綽法師在《安樂集》中，將一切佛法分為
「聖道門」和「淨土門」兩種。聖道門就是難行道、自力法門，具體指
的是一切的教（佛教理論修行）、禪（禪宗的定慧修行）、戒（持戒出
家等）；淨土門就是易行道、他力法門，亦即是一心念佛、往生極樂之
道。

34
淨土宗從什麼時候開始流行？

　　自從唐代善導法師創立淨土宗以來，淨土法門流傳日益廣泛。若把種種流傳的情況和表現加以歸類，主要有以下兩個方面：一是在民間，淨土念佛法門發展成影響廣泛的普遍信仰，淨土集會結社風行；二是在佛門內，佛教的其他宗派也兼修淨土。

▌社會的普遍信仰

　　大約從唐高宗開始，淨土正式稱宗，此後，從慧遠倡導的淨土法門，發展到善導的稱名念佛，在唐代形成了巨大的影響，從當時長安念佛的盛況就可知淨土信仰在民間傳播的程度。此外，念佛法門在上層社會也產生了不小的信眾群，對於整個淨土宗的發展起到了推動作用。從慧遠廬山結社開始，許多士大夫、朝廷官員、乃至當朝宰相都崇信淨土，發展到宋代在禪淨合流的影響下，上層社會念佛成了非常普遍的現象，這毫無疑問地帶動了民間淨土信仰的進一步流行和居士佛教的發展。

　　淨土祖師善導強調「臨終助念」方式，即在人臨終之時，淨土信眾聚集起來，同念阿彌陀佛佛號，為其往生增加助力。這種臨終助念的推廣，更直接促進了集會念佛的展開。唐代以後，聚會念佛的規模日益擴大，當時念佛結社的規模可能已經達到了數千乃至上萬人。到宋代時期，這種聚會念佛的淨業社團建立的數目更加眾多，還有宰相出任社團首領的情況。念佛社團甚至得到了皇帝的支持，北宋的宋仁宗到宋神宗時期，有的寺院每年開七天淨土會，能達到參加者兩萬人的規模。

　　淨土宗經過各個階段的發展，成為在中國社會各階層中都具有極大影響的宗派。由於念佛往生淨土的事蹟歷代都有傳聞，因此也出現了許多的淨土往生傳記，比如宋代戒珠的《淨土往生傳》、明代蓮池大師的《往生集》，以及清代彭際清居士的《淨土聖賢錄》，在這些傳記中都有關於社會各階層念佛情況的詳細記載。

▌其他宗派兼修淨土傾向

　　淨土作為念佛法門，在佛教內部也得到其他宗派的認可。天臺宗對於淨土法門一直都持讚賞態度，隋代時，天臺宗的創始人智者大師就著有《淨土十疑論》、《五方便念佛門》來稱揚西方淨土。宋代天臺宗的很多高僧大德都是淨土的信仰者，比如北宋天臺僧人知禮，又稱「法智大師」、

河北趙縣柏林禪寺的「南無甘露王如來」石刻。甘露王如來是阿彌陀佛的別號。阿彌陀佛化身說法,適降甘露法雨,所以用甘露王之名以讚佛德,其咒稱為甘露咒,大咒則稱十甘露明。甘露王如來名號多於施餓鬼會時與另外四如來之名號一起稱呼,先書其名於幡上,再奉祀於施食壇上,並作念:南無甘露王如來,灌法身心,令受快樂。

「四明尊者」,淨土歸趣非常明顯,曾集道俗近千人,勤勸念佛,誓取往生。還有宋代遵式是天臺的重要僧人,曾奏請天臺教部編入大藏,並撰教藏隨函目錄,為天臺教法的傳播起了重要作用,著有《金光明護國儀》和對懺法闡發的著作《往生淨土懺儀》、《法華三昧懺儀》等,還寫有《晨朝十念法》,制定了晨朝念佛的儀式儀規。天臺僧人志磐在做《佛祖統紀》時,為淨土做了祖師世系。

此外,如唐代法相唯識宗的窺基也是一位淨土的歸信者,著有《佛說阿彌陀經通贊疏序》等,宋代律宗的靈芝元照寫下《觀無量壽經義疏》等,也都在宣揚淨土思想。禪宗在宋明清幾代歸信淨土的高僧更是非常多,最著名的就是晚明四大師之首的雲棲袾宏,精進修持念佛三昧,注解《阿彌陀經》,大力弘揚禪淨一致。可見,中國佛教的各大宗派,包括禪、教、律在內的大乘各宗,都兼修念佛或行歸淨土。

禪宗和淨土宗有什麼關係？

「禪淨融合」、「禪淨雙修」，是從唐代以後中國佛教界就出現的現象，並且逐漸成爲主流，很多禪宗祖師都提倡淨土法門。那麼，禪宗與淨土宗這兩個中國後期佛教發展史上碩果僅存的宗派，又是如何在歷史中相遇、融合、互相影響並發展的呢？

起初在諸宗剛剛形成的時候，各個宗派有自己不同的判教原則和標準，甚至淨土宗與禪宗之間還一度出現了互相對立的情況。這個時候的很多禪師反對淨土宗的念佛往生說，甚至把淨土信仰視爲引導一般愚民的方便教說。淨土宗人則認爲淨土念佛功德比禪宗看心功德多百千萬倍，坐禪的修行方法並不適合當時的末法時期。

這種禪淨對立的局面，首先改變於淨土「慈愍流」的創立者慧日大師。慧日大師原本是一位禪師，曾去西域求法，並且到達了印度地區。據說慧日大師得到觀音菩薩開示淨土法門，回國之後，歸信淨土，並且反對禪家對淨土信仰的輕視態度，首倡戒淨並行、禪淨雙修、教禪一致，並且成爲淨土三流之一。

這之後的禪師也有認同慧日禪師觀點的。五代末年，禪宗五家禪中的「法眼宗」法系的延壽（西元 904~975 年），以佛學淵博知名於宋初時期，高麗王曾遣僧從其參學。佛教禪學在晚唐五代時期達到了巔峰狀態。身爲禪門法眼宗高僧的永明延壽禪師，對於禪淨雙修起到了重要的推動作用，他提倡參禪者兼修淨土。延壽大師在常住永明寺期間日定一〇八件佛事爲常課，主要是受持神咒、禮佛懺悔、誦經、坐禪、放生、說法等，每日定念十萬聲阿彌陀佛聖號。他的《禪淨四料簡》在佛教界影響深遠，可說是對禪淨兩種修行法門關係的深刻闡述。偈子說：「有禪無淨土，十人九蹉路，陰境若現前，瞥爾隨他去。無禪有淨土，萬修萬人去，但得見彌陀，何愁不開悟。有禪有淨土，猶如戴角虎，現世爲人師，來生作佛祖。無禪無淨土，鐵床並銅柱，萬劫與千生，沒個人依怙。」因此，延壽大師既是禪門法眼宗三祖，又被推爲淨土宗六祖。

之後，宋代的雲門宗巨擘契嵩、義懷、宗本等，也都兼修淨土念佛。還有元代著名禪師萬松行秀、中峰明本、楚石楚琦，以及明末四大高僧雲棲、憨山、紫柏、蕅益，皆倡導禪淨兼修。其中雲棲、蕅益分別被尊爲淨土宗的第八祖和第九祖。淨土宗第十二祖即清代的徹悟法師，也是一位禪師。可見，禪淨融合成爲中國漢傳佛教後期的基本走向。

左
西安碑林博物館藏石刻造像
「西方極樂世界圖」。

禪宗

又稱佛心宗、達磨宗、無門宗,指以菩提達磨爲初祖,探究心性本源,以期「見性成佛」的大乘宗派,是中國佛教八宗之一,也是最具中國本土特色的宗派。

關於禪宗,有西天二十八祖和東土六祖的說法。禪法開始於「拈花微笑」的故事。兩千五百多年前,釋迦牟尼佛在靈山會上說法,他手拿一朵金色波羅花「拈花示眾」,聽眾默然不解其意,唯獨摩訶迦葉破顏微笑,佛祖當即宣佈,這個不立文字、教外別傳的法門付與迦葉。「拈花微笑」被禪宗奉爲「以心傳心法門」,迦葉也被禪宗尊爲始祖。一直傳到第二十八代菩提達摩,達摩大師航海東來,到嵩山少林寺面壁九年,以不立語言文字、教外別傳、直指人心、見性成佛的禪法,接引有緣眾生,被稱爲中國禪宗第一代開山祖師。後來達摩以「衣法」付與慧可,是爲二祖,後又經三祖僧璨、四祖道信、五祖弘忍,經過五代相傳,到了六祖慧能,慧能對於禪宗做出了中國化的革新,提出了即心即佛的佛性論、頓悟見性的方法論、不離世間與自性自度的解脫論,使得禪宗眞正成爲一個宗派。

中唐以後,慧能所創立的南宗禪更是興旺發達,不僅壓倒了神秀的北宗禪,甚至盛於禪宗以外的其他佛教流派之上。禪宗在發展過程中,內部也發生分化。大約在唐末、五代之間,禪宗形成了五個重要的派別,即溈仰、臨濟、法眼、雲門、曹洞,這就是所謂一家五宗。

禪宗的主要思想是摒除語言文字的迷誤,建立「即心是佛」、「平常心是道」的精神;在實際生活方面,建立以僧堂爲中心的禪院規制;在禪法的弘傳方面,以靈活生動的方法接引學人,以棒喝、拂拳等方式教導弟子,強調「悟」字,強調每個人本來便存在的佛性,摒除分別心和我執,趨向於回歸佛教原始精神。

日本人也喜歡念阿彌陀佛？

如果沒有淨土宗，佛教在漢族為主的地區作為一種宗教的影響，恐怕有點像在印度一樣極其式微了。甘肅省武威海藏寺的匾額所言「導皈極樂」，也是現在許多寺院所宣導的，阿彌陀佛的念佛法門，尤其契合匆匆忙忙的現代人的根機，是易行道。唯願眾生，早起信心，往生極樂。

淨土宗不僅是中國佛教八宗之一，也是日本佛教十三宗之一。源空大師是日本淨土宗的開山祖師，也是日本修行淨土、持名念佛的代表人物。

淨土教的要義，在源空之前已經隨同各宗派由中國傳入日本，淨土之教附屬諸宗之間，在日本也有一定的信奉者和流行度，但並沒有正式成為一宗。日本淨土信仰最早始於唐代，晚唐時期的圓仁法師建立常行三昧堂，首倡念佛法門。十二世紀初，良忍法師創立了淨土系融通念佛宗，對淨土信仰的普及起了很大的作用。

日本淨土宗正式開始於西元 1175 年，由法然法師（西元 1133~1212 年）創立。法然名叫源空，西元 1133 年（日本崇德天皇長承二年，中國南宋高宗紹興三年）4 月 7 日，誕生於日本當時的美作國久米南條稻岡莊（今日本岡山縣久米郡、久米南町）。傳說他誕生之際，示現紫雲降幡的瑞相，天空現紫色彩雲，由雲中降下兩條白色幡，落在庭中椋樹上。源空的乳名叫作「勢至丸」。

源空九歲出家，十三歲受戒，曾在比睿山和京都五臺山清涼寺釋迦堂參學，後來又遠遊到日本佛教初盛之地的南都奈良學習，在那裡接受了奈良元興寺肇自智光的三論淨土教的大義，以及東大寺永觀、珍海相承傳的淨土教義等，對淨土法門有了深厚的興趣。此後，他回到比睿山黑谷青龍寺，閉關鑽研善導大師的《觀經四帖疏》，修學精進，深有心得。西元

1175 年（承安五年），源空四十三歲時，依據《觀經疏》，一心專念彌陀名號，仗佛願力往生淨土之要義，偏依善導一師，開宗立教。自此，淨土宗開始在日本作爲一個正式的宗派而發展。

　　源空的主要思想爲大力宣導專修念佛，主張往生淨土之安心（信心）、起行（以念佛爲主之五正行）、作業（四修）等修行，並強調稱念佛號之重要。他否定了戒律與造寺對於往生西方的功德，然而在日常修行中仍然重視持戒的風氣。淨土宗思想在源空時風靡朝野，廣爲流傳，他在奈良東大寺講淨土三經，並爲天皇、皇后授戒，卻因此遭到了南都（奈良）、北嶺（比睿山）的壓迫，最後，源空及其門人或獲罪處刑，或流放諸國。源空獲赦後，於攝津（今兵庫、大阪一帶）勝尾寺繼續弘傳淨土宗。圓寂後，歷代天皇都有封號，一般稱法然上人。淨土教義因爲受到廣大武士、農民階層的擁護，而積極流傳下去。

7. Figure of Guanyin (Porcelain)
With a name meaning "Perceiver of the World's Sounds," the bodhisattva Guanyin is a central figure in East Asian Buddhism to whom devotees turn for protection from danger and assistance with fertility and monetary success. Here shown as male, Guanyin is also found in female form as the Chinese Goddess of Mercy. This figurine is an important work of art, one of the finest known examples of porcelain sculpture from the Yuan dynasty, the period when the Mongols ruled China. It looks monumental in spite of its size.

觀音像（瓷器）
以「觀世音」，為著名之觀音菩薩，乃東亞佛教之中心人物，信徒向其祈求免災、祈子、生子、發財。雖然此觀音像為男身，中國觀音像亦為女性，是為慈悲女神。此觀音像乃一重要藝術作品，為元代瓷器雕像中最佳者之一。元代為蒙古統治中國所建之王朝。此雕像尺寸雖小，卻有巍峨之姿。

China　　　　　　　中國
14th Century　　　十四世紀

　　源空的各個大弟子都各有偏重地繼承了源空的淨土法門修行思想。其中在這些流派之中，聖光房弁長流的鎮西義，在後世得到了充足的發展，成爲如今的日本淨土宗。善惠房證空流則發展爲現在的淨土宗西山諸派。此外，源空的另一個大弟子善信房親鸞流，發展成爲現在的淨土眞宗，以東西本願寺爲根本道場，下有小派十數之多。善惠房證空流則別立爲一遍上人的時宗。此外尚有以天臺宗西教寺爲道場、由天臺淨土教衍生出來的眞盛宗，和以大念佛寺爲道場的良忍的融通念佛宗等。淨土法門在日本佛教界，可以說佔據了十足主導性的位置。日本民眾對於阿彌陀佛的崇奉，也絲毫不遜色於中國民眾。

現藏美國芝加哥自然博物館的這尊元朝（西元十四世紀）的瓷製觀音菩薩像，為藏傳佛教風格，形神兼備地表現了佛教這位「慈悲女神」，此像體量不大卻有魏峨之貌。

「阿彌陀佛」四字，
可以代替一切語言文字？

淨土宗對今日的華人社會產生了很大影響，比如在生活中，我們普遍可以見到這樣的現象：一位念佛的人不小心撞到別人，立刻念誦一聲「阿彌陀佛」，權充了道歉；有人幫忙，念佛者一聲「阿彌陀佛」，等於說了謝謝；同修見面，互相打招呼，也用一聲「阿彌陀佛」的佛號來表示問候；遇見不忍卒睹之事，口念「阿彌陀佛」，相當於發表了憐憫譴責的言論。

事實上，在禪宗和淨土宗相互滲透之後，淨土宗在理論上進行了進一步的擴展與補充。比如，有人提出一句「阿彌陀佛」，包羅了大千世界眾生事項，無數玄義奧妙都在這四字當中，並無其他語言文字可以表達。

淨土宗稱名念佛的意義

雖然佛教發展到後來有禪宗的不立文字的機鋒，但是早期佛教從釋迦牟尼佛開始，就十分重視語言的作用，並且把言說視為眾生修行的重要方式之一。佛教傳入中國後，從聞思修的角度，中國僧人認為「稱名念佛」是專注思維、便於觀想的修持法門。

關於稱名念佛的意義，在佛經中有不少的表述。比如早期佛教經典《阿含經》和大乘經典《法華經》中都宣揚稱念諸佛、菩薩名號的功德，有能夠去除煩惱、消滅罪障的效用。

淨土宗所奉持的經典更是宣傳口念「南無阿彌陀佛」，一心專念，就能超越生死，往生西方極樂世界。《佛說阿彌陀經》中說：「若有善男子、善女人，聞說阿彌陀佛，執持名號，若一日，若二日，若三日，若四日，若五日，若六日，若七日，一心不亂，其人臨命終時，阿彌陀佛與諸聖眾現在其前；是人終時，心不顛倒，即得往生阿彌陀佛極樂國土。」此外，根據《無量壽經》，稱名念佛的功德利益就包含在阿彌陀佛的四十八大願之中，其中第十八願是念佛往生願，被視為阿彌陀佛的本願，只要誠心念佛，即可往生極樂淨土。

中土的淨土高僧對於稱名念佛也進行了理論上的深入和實踐上的拓展，尤以曇鸞和道綽為代表。曇鸞認為，佛之名號就是經體，「阿彌陀佛」的名號便是《無量壽經》的性體，因此從根本上來說，「阿彌陀佛」與《無量壽經》就是一體的。曇鸞進而把阿彌陀佛名號視為咒語，認為佛名

左
知恩院為京都著名古寺，日本淨土宗總本山，始建於十三世紀，原為日本淨土宗開宗者法然上人修行、入滅之地，由上人弟子源智開山，後累代增修、改建，規模恢弘的三門、御影堂為日本國寶。法然提倡專修念佛，將中世日本重經義、苦修的貴族化佛教（所謂難行道）導向庶民階層，主張虔信阿彌陀佛本願之力，只要一心念誦「南無阿彌陀佛」即可往生極樂（所謂易行道），讓一向與佛法解脫無緣的苦難大眾獲得平等救贖的契機。
（吳繼文 攝）

甘肅張掖大佛寺的「登極樂
天」磚雕，描繪了極樂世界
的情景。此磚雕工藝精細，
造型生動，宗教氣息濃厚，
有些部分的飾金仍存，可見
造像人之虔誠。

號同樣具有咒語的神秘意義和感通作用。

　　其後的道綽在曇鸞思想的基礎上，進一步認為，稱念阿彌陀佛名號就
等於懺悔、修福，還等於擺脫煩惱，延年益壽。他所宣揚稱名念佛的現世
福報，對於淨土信眾來說具有更大的現實吸引力。淨土宗的實際創立者善
導，更是認為阿彌陀佛的名字包含了各種修行的真諦法門，各種念佛的取
向包括現世的消災延壽、來世的往生修果，都可簡單地以「阿彌陀佛」或
「南無阿彌陀佛」清晰地表現出來。可見，經過歷代祖師的演繹，「阿彌陀
佛」四字具有了豐富、立體的涵義，已經成為幾乎一切心願、修行、甚至
普通事物的代稱，並在信徒的實際稱誦修行中，佔據了日常生活和日常思
維的一席之地，真正發揮了其「蘊含一切智慧」的功能和效用。

你我也是阿彌陀佛的化身？

　　自古以來，歷代高僧中被認為是阿彌陀佛化身的有數位，包括善導大師、豐幹禪師，其中五代末年的永明延壽大師也被認為是阿彌陀佛的化身，現在中國佛曆中的阿彌陀佛聖誕就是以延壽大師的生日來確定的。此外，還有藏傳佛教中的班禪額爾德尼大師也被認為是阿彌陀佛的化身。還有人說，普通凡俗的眾生，包括你我，也是阿彌陀佛的人間化生，這是不是真的呢？

　　淨土宗的理論繼續發展之後，有人提出「阿彌陀佛」的名號就等於《觀無量壽經》（或其他經典），也等於阿彌陀佛法身也就是阿彌陀佛，從而推知，當你我口誦「阿彌陀佛」佛號之時，你我便與阿彌陀佛一體；當你我奉行淨宗經典無違之時，你我便也和阿彌陀佛法身等同；你我心中有佛性根緣存在，所以你我就是阿彌陀佛，阿彌陀佛就是你我。當你心中一念清淨，念誦「阿彌陀佛」而心無雜念時，睜開眼睛看世上的每一個人都是阿彌陀佛，去到極樂淨土，那裡的山川河流，飛鳥眾生，都是阿彌陀佛願力所化，所以也都是阿彌陀佛的化身。

　　事實上，佛教認為「三界唯心所造，萬法唯識所現」，當參念正確，即可見一切人、一切事、一切物、一切我都是阿彌陀佛；如參念不正，則一切人、一切事、一切物、一切我便都是魔了。

民間織錦上的飛天圖。此圖在構圖和畫法上明顯模仿敦煌莫高窟壁畫。石窟壁畫中常有飛天造型。佛教認為娑婆世界由多層次組成，有諸多天界存在，天界眾生即天（天神）；飛天即飛舞的天神，大多是歌神乾闥婆和樂神緊那羅的化身。飛天常參加諸佛說法集會，供養佛、護持佛教。

右
北京北海公園的極樂世界殿
（小西天），建於清乾隆時期
（西元十八世紀），是乾隆皇
帝為其母后八十大壽祈福而
建，乃現存最大的方亭式建
築，是一組規模龐大的建築
群。

 佛法小常識

佛的三身

大乘教理表示，佛都有三種不同的身。所謂法身，表示絕對真理；所謂報身，表示證得絕對真理而自受法樂的智慧；所謂應身，表示隨緣教化眾生。

一、化身佛可分為兩種：

1.感應示現所見的佛。譬如：持佛名號，同時觀想著佛，這時感應所見到的佛形相，就是化身佛。禮懺供養時見到佛陀示現放光，也是化身佛的一種。

2.應身佛：這是指因為世間眾生得道因緣成熟了，所以在世間示現，救度教化眾生的佛。比如我們常說的釋迦牟尼佛，證道之前為王子喬達摩・悉達多，自母胎降生，有凡人的身體和生老病死等種種煩惱，就是應化之身。

二、報身佛：

佛的報身有三十二種大人相、八十種隨形好，每一隨形好放八萬四千種光，每一種光有八萬四千種好。對人而言，佛的報身乃是不可思議。比如《觀無量壽佛經》中說：「然彼如來，宿願力故，凡有憶想者，必得成就。」凡人念佛觀想具有願力的阿彌陀佛，觀想所見佛身，具足了無上無量的莊嚴，此佛便是屬於報身佛的範疇。

三、法身佛：

法身佛是佛的真身，沒有形相，不是物質，也沒有重量、方位及處所。它是如來藏，它是真如，它不生不滅，不垢不淨，不增不減。它不離眾生界，眾生界即法身，法身即眾生界。

藏密中的阿彌陀佛
和觀世音菩薩有什麼關係？

北京香山碧雲寺大殿內彩塑觀世音菩薩乘金鼇像，菩薩神態莊嚴，慈祥瀟灑。此種塑像，寓意觀音腳踏鼇魚，在汪洋無邊的苦海四處巡遊，普渡眾生出離茫茫苦海。另外，古人認為大地是浮動的，由巨大的鼇魚背馱著，鼇魚翻動則會發生地震災難。觀世音菩薩以神力踏鎮巨鼇，保佑平安。民間故事或演義傳說有巨鼇喜食動物和人，觀世音菩薩設計施法，降服了鼇魚。

在藏傳佛教，阿彌陀佛被視為無量壽佛、無量光佛兩佛，無量壽佛是報身，無量光佛是應身，阿彌陀佛則視為法身。

什麼是密宗？

密宗又稱為真言宗，興起於印度大乘佛教晚期七世紀至十三世紀間，直至印度佛教被「印回相爭」而遭全面破壞滅亡為止。唐玄宗開元年間，三位印度僧人善無畏、金剛智和不空，來到中國傳教，並創立中國佛教密宗，佛教史上稱這三位僧人為「開元三大士」。他們譯出密宗經典《大日經》和《蘇悉地經》，還被唐玄宗封為國師。密宗在中國興盛，被稱為唐密，後來唐密傳入日本，逐漸發展成為日本真言宗，也被稱為東密。因此，密教雖在印度消失，卻在中國、西藏、日本、韓國傳播開來，成為中國佛教八大宗派之一。後來由於唐武宗滅佛和五代十國時期連年戰亂，唐密在中國逐漸銷聲匿跡。佛教傳至西藏，形成了以密教為骨幹的藏教特色，乃至今日與禪、淨土同為世界佛教的主流之一。

密宗對阿彌陀佛的認識

阿彌陀佛在密宗裡的地位，最為主要的是作為「長壽三尊」而存在。長壽三尊即為阿彌陀佛（無量壽佛）、白度母、尊勝佛母，都和阿彌陀佛類似，擁有難以計量的壽命。此外，阿彌陀佛還作為五方佛中的西方無量壽佛出現，以及在大日如來的四智四行中作為四智之一。其中，四智是東方寶幢佛、南方開敷花王佛、西方無量壽佛和北方天鼓雷音佛，四行是普賢、文殊、彌勒和觀音。根據《蓮師傳記》記載，蓮花生大師作為藏密的奠基祖師，和藏傳佛教五大教派之一寧瑪派（即紅教）的傳承祖師，是阿彌陀佛、觀世音菩薩、釋迦牟尼如來等身口意三密之金剛化現。此後，藏傳佛教格魯派（即黃教）中的兩大活佛轉世系統之一的班禪，也被認為是阿彌陀佛的化身。

修行淨土，為何有顯宗修法和密宗修法兩種法門？

淨土法門不但遍見於顯宗經論，在密宗裡，同樣也有許多往生淨土，尤其是往生極樂世界的修法儀軌。

麥彭仁波切在《淨土教言》的開篇就讚頌淨土法門說：「於是，凡一切有緣者，最勝之所求，是不住有寂之涅槃，無難而易獲此求之殊勝方便，即是發願往生極樂世界。」末法時代最契符大眾根機的法門，在密宗是「無上大圓滿法」，在顯宗則非淨土法門莫屬了。如《大集經》中說：「末法億億人修行，罕一得道，唯依念佛，得渡生死。」這兩個法門的共同特點是信、願的自力，以及上師與佛陀加持的他力之圓滿結合。

▌《阿彌陀佛修法極樂捷徑》

所謂捷徑，是指修這個儀軌能使人迅速與阿彌陀佛相應，從而現世無有災禍，命終後順利地往生到極樂世界。這個儀軌主要針對的是中下根弟子，中根人如按儀軌的要求觀修、念誦，念滿三十萬遍心咒及一百萬遍「南無阿彌陀佛」名號之後，便可獲得悉地（成就）；下根人因聞思、信願尚淺，可以按儀軌的要求相似地觀修、念誦，以祈禱為主，成效也遠較一般的念誦顯著。

▌修行的方式

宗喀巴大師在《菩提道次第廣論》與麥彭仁波切在《白蓮論》中開示，凡修儀軌，在修法前都應有所準備。修行《阿彌陀佛修法極樂捷徑》之前要做的準備是：

一、**淨地設像**：選擇一個白天無人畜等吵鬧之散亂聲、夜晚無非人干擾的安靜清潔之地，把環境灑掃乾淨，接著選擇一個與修法儀軌相符的本尊相，大小約莫五寸左右，像體莊嚴，安置於離自己約 33 公分到 100 公分左右的佛案上。

二、**莊嚴供具**：盡自己能力所及地供養，在供養圓滿後，應誦《普賢行願品》的七支供，關鍵在於以清淨心而供養。

三、**入座皈依**：首先選擇適宜的床、坐墊等舒適的坐具，然後以毗盧七法安坐，即：（1）足：全跏趺或半跏趺；（2）眼：不應太開，亦非太閉，垂注鼻端；（3）身：非過後仰，莫太前屈，端身正念；（4）肩：平齊

上
黑龍江哈爾濱極樂寺的接引佛金銅像。阿彌陀佛左手托蓮臺，右手結與願印，慈悲接引眾生到極樂世界。

右
山東省榮成赤山的極樂菩薩界廣場中央的銅鑄滴水觀音像。此廣場和造像設計新穎，規模宏大，效果獨特，意境殊勝，可說契合現代人的根性，彙集雕塑、音樂、噴泉、瀑布、焰火，運用現代的技術，寓教於樂地生動演繹佛教，弘揚佛教。佛教講「不變隨緣」，佛法的基本義理永恆不變，但弘法利生的具體方式則要與時俱進地隨順眾生而權變，以使眾生能入佛道。

而住；（5）頭：莫揚莫低，莫歪一方，自鼻至臍保持端直；（6）舌齒唇息：齒與唇自然放鬆，舌抵上鄂，出入息自然，漸至微細；（7）手：結毗盧佛定印。具足此七法而入座皈依。

四、積資淨障：以積集資糧、懺悔業障之發心與頂禮、念佛、佈施、持戒等行為而欣求修法。

五、三事求加持：即滅除不敬上師等邪見，生恭敬上師等正見，遣除一切內外障難。

六、觀想聖眾尊：以毗盧七法坐在佛案前，兩眼直視佛像，佛像以已開光者為最佳，心裡對佛像生起歡喜心，祈求攝持，同時默記佛的殊妙相好。應注意的是，佛像是佛身相的代表，透過觀想佛像來達到憶念佛的真實相好的目的，因此不能把佛像觀成死板的一張畫像或照片，而是蘊含了無窮的智慧、功德與加持的力量。時間久了，佛像即可在心裡顯現出來。

此外，藏密修持還有阿彌陀佛的心咒「嗡阿彌德瓦阿依斯得吽舍」，就如著名的六字真言是觀世音菩薩的心咒一樣，這句十一字心咒是屬於阿彌陀佛的。藏密認為，透過念誦這句咒言，阿彌陀佛與念咒者即可合一，成就殊勝功德。

修淨土的人必須吃素嗎？

　　佛法初傳至中國時，並沒有特別要素食的說法。古印度釋迦牟尼佛在世是托缽化緣的修行僧，人家供養什麼，僧人便吃什麼。一直到現在，斯里蘭卡和泰國出家人還是托缽，所以他們沒有吃素。佛教傳到中國之後的初期，僧人接受帝王大臣的供養，也是有肉食有蔬食，並沒有素食的規定。因此，在梁武帝頒佈《斷酒肉文》這一皇家詔令之前，中國僧尼吃肉並沒有被國家法令所禁止。直到此法令頒佈，中國僧人素食漸成傳統，並且保持至今。《華嚴經行願品疏》是這樣說的：「小乘漸制，且指重貪，許三淨肉。今菩薩戒，永絕根源，一切須斷，四護律儀。」

　　事實上，素食的本意在於勸殺、護生。如果全世界的人都素食的話，便再沒有人去屠戮動物生命，便是無量的功德，這在佛教中叫做無畏佈施，也是佈施的一種。但在目前的情況下，如若不出家，是否素食並非修行淨土、求生極樂的必要條件。阿彌陀佛的在家弟子們如果沒有素食的條件，也可食用三淨肉或五淨肉。

 佛法小常識

三淨肉和五淨肉

三淨肉在《四分律》中說是：「有三種淨肉應食：若不故見、不故聞、不故疑應食。若不見為我故殺，不聞為我故殺，若不見家中有頭腳皮毛血。又彼人非是殺者，乃至持十善，彼終不為我故斷眾生命。如是三種淨肉應食。」

五淨肉的意思是不見，不聞，不為我殺，已死肉，鳥獸食之殘餘。不見和不聞，指的是吃肉者並沒有看見動物被殺，也沒有聽見動物被殺時的慘叫聲。不為我殺，意思是並不是為了為我烹飪這道菜而專門去殺生。自然死亡的動物，或是在自然界生物鏈中被其他猛獸捕殺而沒有吃光的動物肉，也是屬於淨肉的範圍。綜合說來，在市場冷凍櫃裡已經切好的肉，大海裡的冰鮮魚蝦，飯店裡已經早就殺好、烹製好的菜餚，都是屬於淨肉。但如果去吃海鮮，活殺魚蝦等等，便屬「為我殺」或「我見」，便造下了罪孽惡因，非佛門弟子所應為者。

女性生理期時可以念佛嗎？

到底什麼時候、什麼人、什麼場合才最適合念佛呢？很多人說女性生理期間「不乾淨」，不能念佛，以免玷污淨土，這是正確的嗎？

後世很多人對於念佛的具體規程，做出了很詳細的規定。比如，在廁所等汙穢之地不宜念佛；夫妻之間行房事的時候不宜念佛；甚至於女性每個月的生理期間都不宜念佛。這些規定的本意，當然是出自於對阿彌陀佛的恭敬心，跟中國人行宗教儀式之前要齋戒、焚香、沐浴的習俗是一樣的道理，努力用最清淨、最莊嚴、最聖潔的狀態去禮敬阿彌陀佛。

不過，阿彌陀佛本來就是方便法門，行、住、坐、臥無時不可念，無處不可念，生、老、病、死陷於痛苦之中時尤其應該念。女性的生理期是同人肉身的四苦——生老病死緊密結合在一起的生理現象，從功效來說，是為將來孕育子女的功能而做長期的準備；從感受來說，有諸般煩惱不適，相當於一種「病痛」。那麼在女性身受痛苦之時，又為何不能稱念阿彌陀佛的名號，以求得出離和解脫呢？

佛法面前，眾生平等。女性不必因為有生理期而羞愧，男性也不必因為沒有生理期而驕傲。念佛看的是信願行，是內心是否深信因果，是否願意出離，求得阿彌陀佛以佛力加被，跟性別、年齡、身體狀況毫無關係。女性生理期不必忌諱念佛，但是可以基於自己的身體情況，適當地減免禮拜等功課，以免引起身體的不適。

甘肅省敦煌莫高窟第一三〇窟的盛唐時期壁畫《都督夫人禮佛圖》。人間富貴總是短暫的，及時學佛，往生淨土才是終極的自在！畫中右首是有朝廷命婦架勢的都督夫人，身後跟著兩個女兒，再後是手捧供品的奴婢。本畫非常精彩，綺麗紛呈，暮春暖日，花木吐翠，蝴蝶翻飛，釵光鬢影似乎正從花間款款而出。

不念「阿彌陀佛」，
念「掃帚」也可成佛？

《阿含經》中說，有位尊者並不念佛，而是因為成天念一把掃帚而得以成就？

從前，釋迦牟尼佛有位弟子名叫周利盤陀伽。他要求跟隨佛陀出家學法，但他的根器乃是下下之愚，也就是在理解力、記憶力等各方面的智商都不高，因此，佛陀完全沒有辦法跟他開示佛理，講清楚四諦、六度、八正道等佛教的基本教義。周利盤陀伽學佛了很長一段時間都沒有任何進步，於是佛陀的其他弟子，甚至包括周利盤陀伽的哥哥摩訶盤陀伽阿羅漢，都要求他還俗回家去。周利盤陀伽倚在門上默默流淚，不願離開僧團，被佛陀所見。於是佛陀來到他面前，告訴他：「因為你的上一世是一位過度驕傲的婆羅門學者，曾經無情地詆毀其他比丘，因而受到缺乏智慧的果報。」之後佛陀便派他每日用掃帚掃地，一邊掃地，一邊念「掃帚」二字。周利盤陀伽費了好大的勁兒才記住，於是他天天持誦，一心不亂，「掃帚」這兩個字就變成了他的真言。最後，周利盤陀伽尊者便靠著「掃帚」二字，得以成就，證得究竟。

從這個故事可以看出，念阿彌陀佛，並不是念「阿彌陀佛」這四個字而已。口中雖念阿彌陀佛，但心念若雜亂不專，並無虔誠之心，這樣念了也是白念。真正有向道之心，專心致志，心中只有一個念頭而堅持不懈，就能夠成就。

左
阿彌陀佛淨土變相部分
阿彌陀佛與兩脅侍菩薩
初唐
敦煌莫高第二二○窟南壁

《悲華經》中，轉輪聖王、大太子不眴和二太子尼摩因大發菩提心，分別授記為阿彌陀佛、觀世音和大勢至。

可以代替自己的親人朋友念佛修行，
幫助他們往生極樂嗎？

　　有很多信徒有大菩薩心，不僅自己想要往生去親自聆聽阿彌陀佛的教誨，更想要度化自己身邊的親人朋友，甚至於替他們念佛，以求全家人能夠同登極樂，一起修行。那麼，替自己的親人朋友念佛，能夠幫助他們往生嗎？

　　事實上，替家人念佛的確會有一定的功效和作用，但這作用必須基於一個基礎上，那就是你的家人或朋友能夠在聽聞你的佛號之後，生起信心，以及願往西方的念頭。信願行之間，行你可以替代，但信和願是沒有人能代替的。比如一個人不相信極樂淨土的存在，或者根本不想要往生極樂淨土，甚至於像某些高僧大德一樣，雖然篤信佛教，但卻發願往生其他淨土，那麼西方三聖是不會來接引他的。

　　從有些往生類的輯錄中我們可以讀到，有些意外死亡或彌留的人，因為機緣巧合而遇見了篤信的淨土修者或是僧人，合掌一聲「阿彌陀佛」；或者是由於家人替他請了寺廟中的法師來超度，那麼此人只要在意識彌留之時聽聞佛號，生起一念信願之心，阿彌陀佛的化身仍然會出現在他的面前。因為能夠有這樣的機緣，便是他累世之中與阿彌陀佛累積的緣分。

　　所謂「佛法難聞今已聞」，對所有眾生來說，能夠有緣聽到阿彌陀佛的佛號，了解淨土修行法門，已經是累世積下的深厚福德。如果能夠此生便認真念佛修行，則脫出輪迴斷絕煩惱，應該是可以實現的。

既然「自心是佛」，我可以不念「阿彌陀佛」，而念自己的名字嗎？

曾經有一位居士，向印光大師請教關於「自心是佛」與念佛之間的關係。印光大師的回答大致是這樣的：

所謂自心是佛，說的是佛心可以度自心，「我」、「心」、「佛」三者可以統一起來，所以「我」就是「佛」了。這樣的道理，對於上乘根器的人來說大有裨益；但是對於愚鈍的眾生來說，卻會造成他們認識上的麻煩，導致「我慢」的執著滋生，不能解脫。有些人覺得「我就是佛」，於是何必念佛？這就好像冰不可以放在爐中錘煉一樣，因為這樣的人，他的「心」與「佛」完全不相符合，差得遠哪！只有那些「心」與「佛」相一致，能夠發現自己心中的佛性，去除凡夫的重重煩惱惑業的人，才會與佛無二。去除了煩惱的心是清淨之心，心即是佛，自然無須念佛。這就好比佛心是打造錘煉過的真金，而我們的心只是金礦中還未開採錘煉的粗金，雖然有金的本質，卻沒有金的功能。念佛正是一個錘煉的過程，求生西方正是將凡夫之心變成佛心的捷徑，而愚鈍之人自以為擁有佛心的本質，便不思錘煉，妄自驕傲，自以為自己已經成佛。其實這樣的人對於佛理一知半解，最容易墮入邪道。只有按照佛經老實的念佛修行，才可保證住生，修得究竟。【註】

所以，印光大師的開示非常明白，就是「老實念佛」。

印光大師
西元1862~1940年，陝西人，俗姓趙。畢生弘揚淨土，行事堅守「不當住持，不收徒眾，不登大座」三大原則，淡泊名利，刻苦儉樸，為當代淨土宗高僧。

【註】 原文如下：「汝所說自心作佛，是佛心度自心，我即佛，佛即心，心即佛。此種說話，上等人則得益，下等人則受病，不可注重於此。若注重於此，或致生大我慢。謂我即是佛，何用念佛。須知由其心即是佛，故佛教人念佛。若心完全與佛不相符合，如冰不可入爐烹煉。唯其心之本體，與佛無二，故佛令人念佛。以佛威德神力之智慧火，烹煉凡夫夾雜煩惱惑業之佛心。……佛之心，如出礦之金。吾人之心，如在礦之金。雖有金之體性，了無金之功能。是以自心是佛，更須要認真念佛，求生西方。愚人不知此義，不是高推聖境，自處凡愚，便是執理廢事，妄謂證道。汝之學問，亦不甚通。且按嘉言錄修持，可以保無或墮魔外之事。」

念「阿彌陀佛」和
念「觀世音菩薩」有衝突嗎？

被譽為「古佛再來」的永明延壽大師（西元904~975年），唐末五代人，是中國佛教淨土宗第六祖，也是禪宗大師，提倡諸宗合一，禪淨雙修，導入了宋朝以後中國佛教發展主流方向，對中國佛教和中國文化的發展有著巨大而深遠的影響。

有人認為，念佛求死，念觀音求生；也就是說，念佛只能管往生，念觀音卻可以解決人世間的苦難。那麼我們應該念佛，還是念觀音呢？

按照佛教的說法，阿彌陀佛和觀世音菩薩同為西方三聖之一，共同守護西方極樂淨土。所以事實上，無論我們念阿彌陀佛還是念觀世音菩薩，都能起到往生淨土的作用。《千手千眼觀世音菩薩廣大圓滿無礙大悲心陀羅尼經節》引佛言：「此觀世音菩薩，一切人天，常須供養，專稱名號，得無量福，滅無量罪，命終往生阿彌陀佛國。」

但具體論到實際修行問題，由於西方極樂世界是由阿彌陀佛的四十八大願願力化成，所以求取往生的話，念阿彌陀佛更易感應，更能順利往生。觀世音菩薩因其大悲度世的願力，相對而言，更能解救俗世中的苦難。印光大師曾經開示說：對西方淨土的信心還不充分的人，應該專念佛號，待生起完全的信心後，就可以念佛為主，念觀音為輔助。而且念佛、念觀音都可以往生西方，也都能消災免難，平時應該多念佛，但是遇到禍患災難時，便可以專門念觀音，因為觀音菩薩循聲救苦，釋迦牟尼佛住世的時候，也讓苦難中的眾生念觀音名號。【註】

大致上，若是求子，求現世福德，尤其是遇到苦難災厄時求平安解脫，則念觀音較為合宜；病中求康健，也可念求藥師佛；但必須明白，塵世間一切苦惱的真正根源乃是你不能究竟，不能了脫生死。無論是治病，還是脫險，都是治標，唯有念阿彌陀佛往生西方，再不墮輪迴之處，無有諸般煩惱，才是治本的徹底對策。所以，要以念佛為主，兼念觀音，專心不亂，一心一意，自當有所感應、有所歸宿。

印光大師是因為末法時代劫難深重，而觀音慈悲深厚，所以才教導大

觀音菩薩是阿彌陀佛的主要
助手和候補佛。河北省承德
外八廟普寧寺的這尊千手千
眼觀音菩薩像,形象生動,
比例勻稱,紋飾細膩,金
漆絢麗。此像是地球上現
存最高大的木質雕刻像,
高 22.28 公尺,腰圍 15 公
尺。千手千眼觀音是佛教密
宗最重要的菩薩之一,常以
千手護持、千眼照見信奉佛
法之眾生。

家兼念阿彌陀佛和觀音名號,以求盡快獲得慈悲救護。念佛和念觀音都是
求往生西方,可以兼念觀音、彌陀、地藏等等,都是佛的名號,念誰都可
求得庇佑,如願往生,關鍵在於一心堅持,不可游移。如果一味計較字面
上的不同,而不能夠體會佛菩薩慈悲救護、接引往生的真意,那就遠離佛
菩薩的本意了。

【註】原文如下:「淨業者,念佛之外,兼念。未發心人,即令專念。以彼志蒙大士被而消禍耳。待其信
心已生,則便再以念佛為主,念觀音為助。然念觀音,求生西方,亦可如願耳。念佛念觀音,均能
消災免難。平時宜多念佛,少念觀音。遇患難,宜專念觀音。以觀音悲心甚切,與此方眾生宿緣深
故。不可見作此說,便謂佛之慈悲,不及觀音,須知觀音乃代佛垂慈救苦者。即釋迦佛在世時,亦
嘗令苦難眾生念觀音,況吾輩凡夫乎。」

每天要念多少遍阿彌陀佛才算虔誠？

中國首都博物館藏明朝銅鍍金阿彌陀佛像，工藝精湛，情態生動，當是宮廷製作。佛像結跏趺坐，手結禪定印，面帶微笑，正處於禪定的喜悅之中。

很多念佛者會有這樣的疑問：每日念佛多少遍才算虔誠？很多前輩大德的回答是：「念佛嘛，越多越好。」有的法師主張一天念佛號多少千遍、多少萬次才有功德，有些法師主張每天念佛要念滿多少小時才收修行之效。那麼究竟一天要念多少遍阿彌陀佛才算虔誠呢？

從現實的角度來看，現代人生活緊張，工作繁忙，尤其是上班族，既要完成公司的工作，又要照顧家庭，哪有時間念佛幾萬次或者幾小時？

念經的作用，是堅定信念，攝心正念，念佛是以虔誠心去祈念佛菩薩，以獲得其神力庇佑。心誠則靈，佛菩薩並沒有規定要人每天念多少千句佛號或多少千遍佛經，更沒有說你得念滿一萬次，菩薩才理睬你，你沒念足一萬次，菩薩就不感應不保佑你。這不是人間世俗的交易。念佛若是虔誠，只念一句一聲也不算少，只要心中虔念，就有靈感反應；若不誠心，高聲唱念一萬次，也不算多；若心存邪念，就算念佛十萬次也是白念無效。如果一面念經一面神遊天外，那麼念經一萬一億卷，也只等於看報紙；如果一面念佛一面想著人間俗事，如何賺錢、如何做生意等等，就算念十萬次也等於是在白費嗓子而已。

念佛念經，一句不為少，萬遍不算多，端看是否虔誠，是否正信深信，是否有往生之願。流於形式的持念，不虔誠的表演式持念，邪惡動機的祈念，都是沒有效用的。

什麼是臨終助念？

念佛念了一世，最重要決定你是否能夠真正往生的，就是臨終念佛了。但臨終之人，往往或病或痛，或昏迷或譫妄，理智智慧全部棄人而去，這時就容易出現忘紀念佛或無力念佛的情況。因此就需要臨終助念團的同修道友來幫你一起念佛，祈求阿彌陀佛盡快前來接引。

▊ 助念的功用

臨終助念是善導大師首先提出的，他在《臨終正念訣》中說：「凡一切人命終，欲生淨土，須是不得怕死，常念此身多苦，不淨惡業種種交纏。若得捨此穢身，超生淨土，受無量快樂，解脫生死苦趣，乃是稱意之事，如脫弊衣，得換珍服，但當放下身心，莫生戀著。」

臨終時候的最後一念，對於往生具有重要作用。人們一世念佛，卻往往在最後一念上因為種種的障礙煩惱，末了卻墮落了，又入輪迴，不能究竟，所以此時需要有人為其助念。而臨終助念起到的作用是，在臨終乃至往生時，為其助念，增加善緣，使之安然離去。

是心作佛，即心是佛，臨終之人聽聞佛號，如果能一心不亂，即得往生西方淨土。真正信奉淨土、虔誠發願往生的修行者，一來要注意佛化家庭、聯絡同修，以便關鍵時候能有人為自己助念；二來如一生向善，願心虔誠，佛菩薩自會有不可思議之安排，不令其墮落受苦。

大足寶頂山摩崖石刻「地獄變圖」局部。此為一罪人戴枷，枷上題「三為破齋並犯戒，四為五逆向爺娘」數字，罪人頭前刻有「不信佛言，後悔無益」的警句。阿彌陀佛的四十八大願中以第十八願為核心，善導大師說：「一一願言，引第十八。」但據《觀經》，第十八願中也說「唯除五逆，誹謗正法」去不了極樂世界。所以，眾生起心行事要有底線，不要無所畏懼，免得不聽佛言，到時後悔也無用了。

親人過世，八小時內不可以在他身邊哭泣嗎？

依照佛教的觀點，生命乃是輪迴不息的一種狀態。一般人在生命剛結束之後，神識即第八意識，又叫阿賴耶識，還沒有脫離身體，仍然有知覺，必須經過一段時間，全身冷卻，神識也出離了，才算真正死亡，並非只如醫學的觀點，如心臟、呼吸停止或呈腦死的狀態，即宣判死亡。

所以，當人在斷氣之後，神識尚未離去之前，心靈是最痛苦的時刻，一生的經歷如電影般，一幕幕重映眼簾。此時此刻正是悲苦交集之際，倘若聽聞哭聲，或是見到喜歡或討厭的人，或被搬動及錯誤的觸摸，勢必對即將出離身體的心靈造成莫大的打擊與傷害。

很多人並不明白人還有神識的存在，只要亡者一斷氣，在旁的親人朋友馬上就會悲哀啼泣，或撫摟亡者嚎啕大哭，或任意搬動強令正寢，或趁身體未冷時為之沐浴穿衣，或注射強心針進行急救，或才斷氣立即被送入太平間冷凍庫，或當天即被轉送殯儀館且兩三天後隨即舉行火葬。沒有學佛的眷屬們並不知道，所有這些以為對死者表達哀戚，或者是為死者盡孝的行為，如不恰當的搬動和眷屬的眼淚，正是妨礙念佛人往生的最大障礙。

所以當家人氣息漸漸微弱、脈搏開始無力之後，最好的辦法是即刻開始念佛。念誦最簡單的四字佛號，不用聲音渾濁的木魚，而使用引磬，一直維持到斷氣八小時左右以後，才是最為穩妥的辦法。要讓逝者聽聞佛號，心中延續在生時念念相續的求佛往生之念，而不被眷屬情懷所勾留打動，才能穩穩地跟在阿彌陀佛身後，向西而去，往生極樂。

印光大師曾開示過臨終三大要：第一，善巧開導安慰，令生正信者。要勸慰病人，放下一切，一心念佛。如果有要交代的事情，讓他趕緊交代。交代之後，便置之度外，對世間所有富樂、眷屬、種種塵境，都不再牽掛。

第二，大家換班念佛，以助淨念者。開導過病人後，讓他生起正信。但是一般來說，由於病人心力屠弱，通常需要仰仗他人的幫助，因此家裡的眷屬應該為他助念佛號。如果還沒到臨終，可以分班念，應分三班，每班限定幾人。頭班出聲念，二、三班默持，念一點鐘，二班接念，頭班、三班默持。如果有小事，當於默持時辦，當班時不可以走開。助念功德很大，成就一人往生淨土，就是成就一眾生作佛。應當三班相續，佛聲不

精美生動的唐卡，是藏族獨特的繪畫藝術。常見的唐卡《六道輪迴圖》在咫尺卷軸中，突破時空限制，利用同心圓輪圖示了佛教中的因緣、輪迴理論。輪外刻轉輪聖王，頭頂三世佛。佛教認為，眾生因為自己所造之業，在天、龍、人、鬼、畜生、地獄六道（六大類生物）中像輪子一樣流轉，只有皈佛修習才能解脫生死、出離六道輪迴的痛苦。而念阿彌陀佛是最穩妥、實效的修佛方法。

斷。念佛聲不可以太高，高則傷氣，難以持久；也不可以太低，以致病人聽不明白。不可太快，也不可太慢。要不高不低，不緩不急，字字分明，句句清楚。若病人將欲斷氣，應該三班同念，直至氣斷以後，又恢復分班念三點鐘，然後歇氣，以便料理安置等事。

第三，切忌搬動哭泣，以防誤事者。病人將終之時，正是凡、聖、人、鬼分判之際，一髮千鈞，要緊之極。只可以佛號，開導彼之神識，斷斷不可洗澡、換衣或移寢處。任彼如何坐臥，只可順彼之勢，不可稍有移動。如果謂人氣已斷，通身冷透，唯頭頂獨熱者，則必超凡入聖了生脫死了；若眼及額顱處獨熱，則生天道；心處獨熱，則生人道；肚腹獨熱，則生餓鬼道；膝蓋獨熱，則生畜生道；腳板獨熱，則生地獄道。

普賢菩薩是修淨土而成就的嗎？

佛教信徒除了開鑿石窟，雕造佛像，還摩崖石刻佛經、佛號，既表達虔誠的信仰和祈福，又期佛法能夠長久流傳。這是浙江樂清白龍山石刻「南無阿彌陀佛」，可見阿彌陀佛信仰傳播之深入。從岩石上的道教祥瑞物仙鶴造型，可知明清以來釋道儒三教合一思潮的影響，宗教信仰自由是古已有之。

淨土念佛修行乃是方便法門，普被三根。上至文殊、普賢等大菩薩，可持此法門成就，下到五逆十惡，也可念佛往生。上智下愚，悉蒙法益。

▌修淨土而成就

在《悲華經》的記載中，當阿彌陀佛為轉輪王時，普賢菩薩當時為第八王子「泯圖」，在寶藏佛前，發願要在像娑婆世界一樣不清淨的國土中，修菩薩行救度眾生。更應當修治莊嚴十千不淨世界，使其莊嚴清淨，就如同「清香光明無垢世界」。同時要教化無量的菩薩，令他們心地清淨，都能趣向大乘佛法，使這種發大心的菩薩都充滿他所化度的國土世界。寶藏佛即將他「泯圖」這名字，改號為「普賢」，並授記他未來在北方「知水善淨功德世界」圓滿成就無上正等正覺，佛號為「智剛吼自在相王如來」。

在《普賢行願品》中則提及：普賢菩薩稱讚如來殊勝功德之後，對著所有的菩薩及善財童子立下了他的十種廣大行願：禮敬諸佛、稱讚如來、廣修供養、懺悔業障、隨喜功德、請轉法輪、請佛住世、常隨佛學、恆順眾生、普皆迴向。經中一一述此十大願，明其功德無量，臨命終時，得此願王引導，往生阿彌陀佛極樂世界。由於普賢菩薩有如此廣大的行願，一般人們稱他為「大行普賢菩薩」。

四川省南川縣的北宋龍崖古城涼風嶺南面一處避風的低窪處，殘存著兩間房屋的石構頹牆，其中一石壁上刻有淺浮雕阿彌陀佛像，線條粗獷簡練。阿彌陀佛像上方隱約可見「南無阿彌陀佛」的字樣。

普賢文殊，同修淨土

　　此外，不僅僅是普賢菩薩，大智慧的文殊菩薩也是淨土修行者之一。文殊全稱文殊師利，是梵文音譯，意譯作妙吉祥，是大乘佛教大智精神的體現。他手持寶劍，表示智慧銳利、斬斷一切無明；騎坐青獅，表示摧伏一切煩惱。文殊菩薩爲衆菩薩的上首，是經常向佛陀提問的法王子，相傳他早已成佛，爲「七佛之師」，爲輔助釋迦佛教化衆生而現菩薩相。

　　《觀佛三昧經》中，文殊菩薩有偈云：「願我命終時，滅除諸障礙。面見彌陀佛，往生安樂。」這和《華嚴經‧普賢行願品》中，普賢菩薩的偈子：「願我臨欲命終時，盡除一切諸障礙。面見彼佛阿彌陀，即得往生安樂」，有異曲同工之妙。

　　相傳，文殊菩薩也有屬於自己的佛刹淨土。《文殊師利佛土嚴淨經》和《大寶積經》中記載，文殊菩薩往昔曾發十八種大願，嚴淨佛國，當來成佛，稱爲普現如來，其佛土在南方，號「離塵垢心世界」或「無垢世界」、「清淨無垢寶置世界」。《新華嚴經》中稱，過東方十佛刹微塵數之世界有一金色世界，其佛號爲「不動智」，此世界之菩薩，即稱文殊師利。華嚴宗認爲東方清涼山是文殊的住所，故此以中國山西五臺山清涼寺爲其人間道場。

河南洛陽龍門石窟東山萬佛溝的《西方淨土變龕》（局部）。該龕為唐初開造，可分上、下兩層，設計合理，雕刻精緻，造型生動。此照片為下層中部被盜鑿部分，雖毀損嚴重，仍可見其藝術之高超和感人的信仰氣息。龍門石窟現存有紀年的阿彌陀洞共有 127 個，無量壽佛最早出現在北魏神龜二年（西元 519 年），有紀年的阿彌陀佛最早出現在隋朝開皇十五年（西元 595 年）；但到唐代迅速增多，阿彌陀佛在唐朝前期已成為時人信仰的主佛。從龍門石窟的阿彌陀佛造像，可知唐初嚮往西方極樂淨土的人很多，淨土宗是唐代洛陽流行的佛教宗派。按佛經之說，惡意損壞佛像者，其罪如同「出佛身血」，罪大惡極，報應很嚴重！

 **佛法小常識**

【普賢菩薩】

普賢之名意謂「遍吉」，亦即將佛教所推崇的善普及到一切地方，是大乘佛教大行精神的體現。普賢菩薩手持如意，騎乘六牙白象，均是佛教教義的形象化體現，白象表示無漏無染、大力能負，六牙表示菩薩修行的佈施、持戒、忍辱、精進、禪定、智慧六度法門。普賢與文殊為大雄寶殿中常見的釋迦牟尼佛的左右脅侍。四川峨眉山是普賢菩薩道場。

密教中認為，普賢與金剛薩錘同體，列於金胎兩部曼荼羅中，是為密教普賢。金剛界曼荼羅中，為賢劫十六尊之一，安置於北方四菩薩之最下位。密教有以普賢延命菩薩為本尊之修法，稱為普賢延命法。

普賢之名始出於《三曼陀羅菩薩經》，後廣見於諸經而成為普遍流行的信仰。據《法華經‧普賢勸發品》載，普賢菩薩乘六牙白象，守護法華之行者。另一重要經典《華嚴經‧普賢行願品》，則被認為是普賢菩薩本願的最重要經典。

你身邊有念佛而成就的眞人眞事嗎？

自佛教傳入中國以來，歷朝歷代都有修行淨土之人往生時呈現瑞相、或令他人有所感應驗證者。人們把這些眞實事例結集編撰，便成爲了各種各樣的往生錄或往生集。各朝都有各種往生集流傳，最爲著名的有明代袾宏大師所撰的《往生集》三卷，收於《大正藏》第五十一冊。本書集錄中國與印度往生西方者，按照人群的不同而分爲沙門、君主大臣、居士、尼僧、婦女、惡人、畜生往生類，還有諸聖同歸類和生存感應類。這些往生集中規模最大的，則是清朝乾隆年間彭希涑居士所集錄歷朝以來往生者共五百多人的《淨土聖賢錄》。

近代以來，往生故事也多見於各類文集之中，如《印光大師文鈔》就記載了三十餘條往生實錄。

檔案篇

修行檔案

127

河南洛陽龍門石窟賓陽北洞主佛阿彌陀佛造像。賓陽洞開鑿始於北魏景明元年（西元500年），有南、中、北三洞。賓陽北洞至唐朝初年（西元七世紀上葉）完成，主尊為阿彌陀佛，火焰紋背光繁雜而生動。

53

「聽到」佛號和「念誦」佛號，
功德的大小一樣嗎？

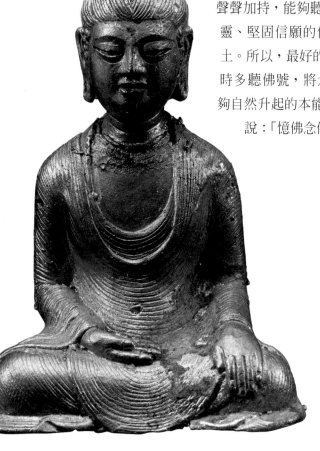

雲南博物館藏鎏金阿彌陀佛像。從藝術風格看，此像是南詔與大理國時期（約西元八至十三世紀）的佛教文物，當時朝野都信奉佛教。

雖然佛教對華人的影響很大，但是有些人並不信仰佛教，只是偶爾路過寺院，聽到一聲聲連綿不覺的念佛聲。還有些人臨到命終，氣力不繼，難以開口念佛，家人或朋友圍繞在他身旁高聲念佛，聲聲入耳。「聽到」佛號和自己親自開口「念佛」，都有同樣的功德嗎？

開口念佛是出於虔誠的信願，而聽到念佛若只是出於偶然的話，功德的大小自然是不一樣的。但是有時不信佛教的人，聽到念佛會不由自主地停下腳步，靜靜聆聽，甚至於聽得淚流滿面；有些人本已發心要往淨土，只是由於氣力不繼而不能念佛，此時聽到佛號，心中會自然升起信念，就算口不能出，但心中卻能下意識地跟隨默念，自然也有了殊勝功德。

有些人出於懶惰，不願念佛，只是開著念佛機或者有佛號音樂的網頁，權當背景音樂，這樣的功德自然遠遠不如自己親自做功課，親口念佛了。但佛號有無邊莊嚴佛力，聲聲加持，能夠聽到念佛之聲，總也會有一定的洗滌心靈、堅固信願的作用，也會有一些微小的功德流向淨土。所以，最好的辦法是勤奮精進的念佛，同時在開暇時多聽佛號，將念佛變成一種行、住、坐、臥時都能夠自然升起的本能念頭，念念相續不斷，如大勢至菩薩說：「憶佛念佛，現前當來，必定見佛。」

據《藥師琉璃光如來本願功德經》記載，信仰藥師佛可免除當世各種災難，信仰東方藥師琉璃光如來者，可往生其淨土世界。近代一些高僧大德主張修藥師法門。「東方藥師淨土變相」即依《藥師經》而造。四川和重慶的「藥師變」石窟中主要出現於五代時期，造像有簡單與複雜兩種；大足北山石刻的藥師變較為簡單，第二八一號窟藥師變龕較具代表性。龕內開成兩小龕，左為經幢龕，右為主像龕，正中刻藥師琉璃光佛戴披風，著通肩圓領佛袍，左手撫膝，右手置胸前，雙足踏蓮朵，坐金剛座上，身後飾圓形火熖身光與頭光。其左右有各捧日月坐蓮座的日光菩薩和月光菩薩。此三像合稱「藥師三尊」或「東方三聖」。

你讀過白居易的《淨土頌》嗎？

白居易（西元772~846年），唐朝大詩人和著名的佛教居士，晚年居住在洛陽龍門石窟一帶，號香山居士，曾作詩大力提倡念佛求生西方淨土。

歷代僧俗居士都曾經寫出很多讚揚淨土或表述淨土三昧的優秀詩歌，其中，唐代詩人白居易就是一位著名的居士，他晚年號香山居士，所寫的「淨土頌」十分著名。

淨土頌
白居易

我年已七十，不復事吟哦。
看經費眼力，作福畏奔波。
何以度心眼，一聲阿彌陀。
行也阿彌陀，坐也阿彌陀。
縱饒忙似箭，不離阿彌陀。
達人應笑我，多卻阿彌陀。
達又作麼生，不達又如何？
普勸法界眾，同念阿彌陀。
要脫輪迴苦，須念阿彌陀。

這首詩非常符合白氏的詩作：語言通俗易懂、「老嫗能解」的特點，全詩在說：我已經七十歲了，看佛經眼力不濟，做功德經不起奔波，怎麼能夠解脫呢？行住坐臥都念阿彌陀佛，不管多忙都不忘記念佛。奉勸法界裡的眾生，一起來念阿彌陀，這才是脫離輪迴的法門。

55

禪是淨土的禪，淨土是禪的淨土？

在修行方式上，通常人們認為禪宗和淨土宗的最主要區別，就在於禪宗比較側重於自力，淨土宗比較側重於他力。

禪即指禪宗的修行法門，比較偏向於自力，因為禪宗講求的是「即心是佛」，自己就是佛，要依靠自己發明本心，一念悟即佛。相對來說，淨土宗就比較傾向於他力，也就是阿彌陀佛的願力。

禪宗是無門為法門，入門比較難；而淨土宗的持名念佛，相對上就容易多了。很多禪宗祖師雖然修禪，但同時也嚮往往生西方；更有一些祖師會採用念佛的方式來修行，比如參念佛是誰？將念佛和禪宗的修行活潑地結合在一起。而修淨土宗的人，如果只是念佛，又容易落入心外求法，境界也不容易提高。所以，淨土宗的一些祖師提出，要念自性彌陀。自性彌陀是相對於他方彌陀而言，西方有阿彌陀佛，但從究竟的意義上來說，我們的本性、我們的自性、我們的佛性，跟阿彌陀佛的智慧和慈悲是一樣的。因此，念佛不僅要念西方的阿彌陀佛，同時也是為了開發我們生命內在的阿彌陀佛，這樣念佛就不是一般的念佛，念的是自性彌陀，是唯心淨土，因為淨土也不能離開我們的心。這麼一來，念佛自然也和禪宗結合在一起，這就是所謂的禪淨雙修。

因此，把自力和他力結合起來，將明心見性和稱名念佛共同進行，就是「禪淨雙修」或「禪淨合一」的修行方式。禪淨雙修可以說是宋元以來佛教修行的的主導路線。但禪淨雙修還是有各自不同的側重，側重於禪就是以禪為體，以淨為用；側重於淨就是以淨為主，以禪為輔。比如禪宗參話頭，也會參「念佛是誰？」這從修行上說，走的是禪宗路線，參「念佛是誰？」，是把這句佛號做為話頭，這時的念佛是屬於禪宗。而念佛還有觀想念佛、觀像念佛。由觀想念佛證得念佛三昧，就是禪、淨的融合。進入念佛三昧後，得佛菩薩的接引往生西方，這裡面既包含著禪，也包含著淨。

總之，禪和淨土的修行法門是可以統一並且兼顧的，但落實到每一個修行人上，則各有側重。

可以用幾句話來概括
淨土法門的要義嗎？

清代徹悟禪師（西元 1741~1811 年），號夢東，又被稱爲夢東上人，清代乾隆年間高僧，禪門臨濟宗三十六祖，也被認爲是淨土宗第十二祖。由於晚年住在紅螺山資福寺，又被稱爲紅螺資福徹悟大師。他對於永明延壽大師所提倡的「禪淨一致」十分認同，是一位有道的高僧，並有「法門第一人」之讚譽，著有《示禪教律》、《念佛伽陀》等著作。在《徹悟禪師語錄》中，他提出以下十六個字：

真爲生死，發菩提心，以深信願，持佛名號。

而被後世印光大師等淨土高僧推崇爲淨土法門之要義。

簡單來說，眞爲生死，說的是學佛修行的目的何在？並非爲了求世間福報，而是要了脫生死，出離輪迴，獲得畢竟的安樂與解脫。因此，需要把學佛的目標作爲淨土法門的第一要義，這是根本問題。

發菩提心，是大乘菩薩行的首要條件。修持淨土法門也不能缺少「上求佛道，下化眾生」的慈悲心，也要「諸惡莫作，眾善奉行」，這是淨土法門修行的基礎。

以深信願，持佛名號，指的就是往生淨土的三資糧，即「信、願、行」，而這種信不是普通的信，是深信，是眞正的了解並深信我們所在的娑婆世界是苦，深信阿彌陀佛所在的極樂世界是樂，深信念佛可以往生西方，並且發大誓願，然後就是行，即一心念佛，專心念佛。

到哪裡去見阿彌陀佛？

　　由於淨土信仰的廣泛傳播和歷代淨土高僧的努力，中國境內處處都有尊奉阿彌陀佛的寺廟。除了淨土祖師們開創的淨土祖庭之外，還有不少「彌陀寺」。到了彌陀寺，阿彌陀佛的親切音容便宛然在目了。淨土宗的著名寺院包括：

　　河南超化寺： 原名阿育王寺，曾是淨土祖師曇鸞住持的寺院，位於河南省新密市超化鎮，建於東漢桓帝年間，已有近兩千年的歷史。該寺擁有阿育王所供奉十九座佛陀真身舍利塔之一，寺院在唐代鼎盛，後因戰亂衰落，現在道場已經重建。這裡是淨土祖庭，也是著名的佛教勝地。

　　山西玄中寺： 在山西交城西北十公里處，寺區奇峰陡立，絕壁如削，又名石壁寺，是中國淨土宗最早的道場之一，創建於北魏孝文帝元宏延興二年（西元 472 年），距今已有一千五百年的歷史。曇鸞、道綽、善導等大師先後在此住持。大雄寶殿中央供奉阿彌陀佛像。日本淨土宗將此地奉為祖庭。

　　江西東林寺： 坐落在廬山西麓，開山祖師是慧遠法師，也是蓮宗（淨土宗）始祖。該寺始建於東晉太元十一年，寺內現有大雄寶殿、東西羅漢堂、念佛堂等殿宇，佈局嚴整，氣象威嚴。有唐代尊勝陀羅尼經幢、譯經臺、柳公權殘碑等古蹟名勝。

　　陝西香積寺： 位於陝西終南山北子午峪口外數哩處，建於唐中宗時期。淨土宗的創始人善導和尚入寂後，弟子懷惲為其崇靈塔於神禾原。又在塔側建寺，寺院建成後，懷惲、淨業相繼充任寺主，不僅是淨土宗祖師的塔院，而且成了弘揚淨土宗的中心道場。

　　北京紅螺寺： 位於北京懷柔，始建於東晉咸康年間，由佛圖澄大師創建，原名大明寺。紅螺寺為十方常住寺，是中國北方最大的佛教園林。光緒年間，印光大師來紅螺寺修學淨土法門，後去普陀創建淨土道場，所以世有「南有普陀，北有紅螺」的說法。

　　長安彌陀寺： 位於陝西省長安縣五臺鄉境內，創建於隋朝，興盛於唐朝，後歷經兵火禍亂，屢經修複。現有山門、五重大殿、五百羅漢堂等。此外，長安彌陀寺還在內蒙古、青海、西藏、陝西等地設有多處道場。

　　臺灣彌陀寺： 位於臺灣臺南市，創建於明永曆年間，初稱彌陀室，迄今已三百餘年。清康熙五十七年重興擴建，始改稱彌陀寺。嘉慶年間及民國初年均曾再事整修，寺內藏有「重建彌陀寺碑記」、「彌陀寺重修碑記」等文獻古碑。全寺悉仿唐宮殿式建築，宏偉莊嚴，今為臺灣南部之名剎。

阿彌陀佛在網上

以下都是可以找到同修的好地方：

淨宗學會 www.budaedu.org

臺中蓮社 www.tcbl.org.tw

淨土專頁 www.jingtu.org

佛陀教育 www.amtb.org.sg

回歸家園 www.huijia.com

淨土資料 www.jingtu.info

安樂道 www.ucchusma.net/samanta/pure_land/

阿彌陀佛的經典資料浩如煙海

《佛說無量壽經》（2 卷）	【曹魏‧康僧鎧譯】
《佛說阿彌陀經》	【姚秦‧鳩摩羅什譯】
《佛說觀無量壽佛經》	【劉宋‧畺良耶舍譯】
《普賢菩薩行願品》	【唐‧般若譯】
《大勢至菩薩念佛圓通章》	【唐‧般刺密諦譯】
《無量壽如來會》（2 卷）	【唐‧菩提流志譯】
《佛說無量清淨平等覺經》（4 卷）	【後漢‧支婁迦讖譯】
《佛說阿彌陀三耶三佛薩樓佛檀過度人道經》（2 卷）	【吳‧支謙譯】
《佛說大乘無量壽莊嚴清淨平等覺經》	【後漢‧支婁迦讖譯】
《稱讚淨土佛攝受經》	【唐‧玄奘譯】
《般舟三昧經》	【後漢‧支婁迦讖譯】
《拔一切業障根本得生淨土神咒》（出自《小無量壽經》）	【劉宋‧求那跋陀羅譯】
《阿彌陀鼓音聲王陀羅尼經》	【失譯】
《悲華經》	【北涼‧曇無讖譯】
《觀世音菩薩授記經》	【宋‧曇無竭譯】
《彌勒菩薩所問經》	【西晉‧竺法護譯】
《發起菩薩殊勝志樂經》	【唐‧菩提流志譯】
《佛說無量壽佛名號利益大事因緣經》	【曹魏‧康僧鎧譯】
《佛說十往生阿彌陀佛國經》	【失譯】

國家圖書館出版品預行編目（CIP）資料

阿彌陀佛小百科 / 顧婷婷, 熊江寧著 .─初版 .─
　　臺北市：橡樹林文化，城邦文化出版：家庭傳
　　媒城邦分公司發行, 2013.02
　　面；　公分 ,─（小百科系列；JM0008）
　ISBN 978-986-6409-49-3（平裝）

1. 佛教信仰錄 2. 阿彌陀佛

225.8　　　　　　　　　　　　　　　101024143

小百科系列 JM0008
阿彌陀佛小百科

作　　　者　顧婷婷、熊江寧
業　　　務　顏宏紋

總　編　輯　張嘉芳
出　　　版　橡樹林文化
　　　　　　城邦文化事業股份有限公司
　　　　　　104 台北市民生東路二段 141 號 5 樓
　　　　　　電話：(02)25007696　傳眞：(02)25001951
發　　　行　英屬蓋曼群島家庭傳媒股份有限公司城邦分公司
　　　　　　104 台北市民生東路二段 141 號 2 樓
　　　　　　客服服務專線：(02)25007718；(02)25001991
　　　　　　24 小時傳眞專線：(02)25001990；(02)25001991
　　　　　　服務時間：週一至週五上午 09:30-12:00；下午 13:30-17:00
　　　　　　劃撥帳號：19863813；戶名：書虫股份有限公司
　　　　　　讀者服務信箱：service@readingclub.com.tw
香港發行所　城邦（香港）出版集團有限公司
　　　　　　香港灣仔駱克道 193 號東超商業中心 1 樓
　　　　　　電話：(852)25086231　傳眞：(852)25789337
　　　　　　Email：hkcite@biznetvigator.com
馬新發行所　城邦（馬新）出版集團【Cité (M) Sdn.Bhd. (458372 U) 】
　　　　　　41, Jalan Radin Anum, Bandar Baru Sri Petaling,
　　　　　　57000 Kuala Lumpur, Malaysia.
　　　　　　電話：(603)90578822　傳眞：(603)90576622
　　　　　　Email:cite@cite.com.my

版 面 構 成　劉信宏
封 面 設 計　劉信宏
印　　　刷　中原造像股份有限公司

初 版 一 刷　2013 年 2 月
初 版 三 刷　2020 年 11 月
ISBN　　　　978-986-6409-49-3
定　　　價　420 元

城邦讀書花園
www.cite.com.tw